거리에서 주님의 사랑을 나누며

필리핀의
노숙자 선교사

거리에서 주님의 사랑을 나누며

필리핀의
노숙자 선교사

Missionary Shepherding The Homeless People In Manila

Pastor Song, Dong Yheb

송동엽 지음

좋은땅

송동엽 선교사님께서 30여 년의 사역을 정리하며 책을 내게 되셔서 축하드립니다. 필리핀 마닐라 거리의 빈민들에게 복음을 전하고 구제하신 노고가 큽니다. 오직 하나님을 의지하고 말씀을 굳게 잡고 꿋꿋이 나가셨지요. 팔순을 넘어 쉬어야 함에도 불구하고 또 섬기고 계시니 놀랍습니다.

송동엽 선교사님은 마치 여리고로 내려가다 강도를 만나 거반 죽게 된 사람을 보고 그를 불쌍히 여겨 치료하고 데려다가 여관에 부탁하고 치료비까지 주던 사마리아인처럼 불쌍한 영혼들을 돌보셨습니다. 주리고 헐벗고 버려진 필리핀의 영혼을 가만히 보고만 있을 수 없어 서슴지 않고 달려가 선교에 전념하시는 모습을 보면 한없이 부럽기도 하지요.

가끔 귀국해서 신학교나 교회에서 선교 간증을 할 때마다 저에게 신선한 충격을 불러일으키셨습니다. 그의 꾸밈없는 메시지는 살아 있고 운동력이 있었습니다. 원고에 의한 준비된 설교가 아니라 영혼 깊은 데서부터 퍼내는 살아 있는 증거의 말씀이었습니다. 어떤 논리나 이론이 아니라 몸소 말씀을 행함으로 실천하는 살아 있는 현장의 메시지였습니다.

사도 바울이 성령에 매임을 받아 예루살렘으로 올라가는데 거기서 무슨 일을 만날는지 알지 못하지만 '나의 달려갈 길과 주 예수께 받은 사명

곧 하나님의 복음을 증언하는 일을 마치려 함에는 나의 생명조차 조금도 귀한 것으로 여기지 아니하노라'고 한 말씀처럼, 선교사님은 인생에 뒤돌아보지 아니하고 하나님의 영광을 위해 달려가신 분이십니다.

 사람이 한평생을 사노라면 명예도 필요하고 권세도 요구되며 안일과 쾌락도 있어야 하겠지만 그 모든 것 뒤로하고 하늘 영광만을 바라보며 하루 이틀도 아닌 평생을 선교에 매진할 수 있었던 것은 그의 안에 하나님의 생명의 말씀으로 충만함과 성령의 능력이 아니고서는 불가능한 것이라 생각됩니다.

 온갖 역경과 고난 가운데서도 천하보다 귀한 영혼을 구하고자 하는 일념으로 땀과 눈물을 아낌없이 흘리신 진솔하고 성실하신 선교사님의 사역을 보고 기쁜 마음과 황공한 마음으로 읽기를 추천하는 바입니다.

예장총회 증경총회장, 성은교회 원로목사 경원수

2023년 5월 25일

RECOMMENDATION

I met Pastor Song, Dong Yheb in early 2013 when members of a korean church brought me to KKK Park in Manila where he was preaching God's Word to, and feeding the homeless people of Manila.

Since then, every sunday, I started treating some people who were sick while Pastor Song was sharing the gospel. His ministry continued until the local government banned gatherings during the pandemic.

Pastor Song left the comforts of his home in Korea and turned his back on a lucrative business profession to bring the gospel of love to the poorest of the poor in the Philippines. I have not seen any other pastor with this sacrificial service and dedication to serve God's people.

Even though he has never utter a word asking for help, God has provided everything needed for his ministry.

His determination to serve is undauntable. Neither the scorching heat of the sun, nor deep floodwaters nor raging storms and deadly typhoons, could deter him from continuing to share the message of hope and love to the poor. I remember sometime in 2015 , floodwaters were waist deep st KKK Park but he continued his service till the end. Countless times, he and his worship team have been shoved out of the streets by local authorities , only to relocate repeatedly to another spot along the coastal area of Manila bay. Countless times, his bicycle and phone were stolen by thieves or violence would break out among the people attending the service. He was never afraid and subdued fighting with prayers of deliverance from evil then continued preaching the gospel and feeding the poor.

Indeed, God has gifted our country with Pastor Song who is a great blessing to the Filipino people.

I wish his ministerial story would inspire and strenghten the faith of everyone who reads this book.

Amen!

Dr. Myra Maria Salud P. Lacuna

저는 2013년 초에 한국 교회 성도 한 분이 마닐라에 있는 KKK 공원으로 데려가 주셨을 때 송동엽 목사님을 만났습니다. 당시 목사님은 거기서 하나님의 말씀을 전하고 노숙자들에게 나눔 사역을 하고 있었습니다. 그 이후로 저는 매 주일마다 그곳에 찾아가 목사님이 하나님의 말씀을 전하는 동안 옆에서 아픈 사람들을 치료하며 돌보기 시작했습니다. 목사님의 사역은 코로나 전염병 기간 동안 당국에서 집회를 금할 때까지 계속되었습니다.

송동엽 목사님은 한국의 안락한 집과 좋은 사업을 두고 필리핀에서 가장 가난한 사람들에게 사랑의 복음을 전하기 위해 한국을 떠나오셨습니다. 저는 이렇게 희생적인 섬김과 헌신으로 하나님의 백성을 돌보는 목사님을 이전에 본 적이 없습니다.

이 사역을 담당하기 위해서 목사님께서 세상 사람들에게 어떤 도움을 요청하지 않았습니다. 그럼에도 하나님께서는 그의 사역에 필요한 모든 것을 예비해 주셨습니다.

송동엽 목사님의 봉사하고자 하는 마음은 굳건합니다. 작열하는 태양의 열기도, 심한 홍수도, 맹렬한 바람과 치명적인 태풍도 가난한 이들에게 희망과 사랑의 메시지를 전하는 그를 막을 수 없었습니다. 2015년 어느 날 KKK 공원(보니파시오 슈라인)에 허리 깊이까지 홍수가 있었지만 목사님은 끝까지 봉사를 계속했던 일도 기억합니다. 목사님과 그의 봉사 팀은 수없이 당국에 의해 쫓겨났으나 마닐라 베이, 해안 지역을 따라 다른 장소로 이동하며 예배를 드리고 섬김을 계속해 왔습니다. 자전거와 핸드폰을 도둑들에게 수없이 도난당하고, 예배 시간에 많은 폭력이 발생했습니다만 목사님은 결코 두려워하지 않았습니다. 악에서 구해 달라는 기도로 참아 왔으며 계속해서 복음을 전하고 가난한 사람들을 섬겨 왔습니다.

참으로 하나님께서는 필리핀 사람들에게 큰 축복인 송 목사님을 우리나라에 보내 주셨습니다. 저는 목사님의 선교 이야기가 독자 모든 분들에게 영감을 주고 믿음을 굳게 하기를 바랍니다.

아멘!

의사, 마이라 마리아 살루드 P. 라쿠나
(Dr. Myra Maria Salud P. Lacuna)

머리말

인사드립니다.

저는 날마다 섬기는 일에 매진해 왔습니다. 오직 하나님의 은혜와 도움으로 지금 여기까지 왔습니다. 사무엘 선지자가 세운 돌비의 글, '에벤에셀'이 저의 고백이기도 합니다. 하나님께서 여기까지 도우셨다는 뜻이죠.

저의 온 삶이 하나님의 뜻 안에서 이루어졌음을 늘 감사하며 지난날을 조명해 봅니다.

어떻게 제가 하나님의 사람, 목회자, 선교사가 되었는지 예전에는 생각조차 못 했습니다. 어쩌다 어른이 되었다고 하듯이, 늦은 나이에 안수를 받고 선교사가 되어 필리핀 마닐라에서 사역하게 되었습니다. 거리의 사람, 노숙자들에 복음을 전하고 빵과 여러 구제품을 나누며 섬겼습니다. 평일에는 거리를 돌며 먹을 것을 나누어 주고 살핍니다. 그렇게 어언 30여 년이 지났습니다. 성급하고 세상의 야망이 컸던 제가 그럴 줄 꿈도 꾸지 못했습니다.

굶주린 어린아이를 통해 구제 사명을 받은 날부터 섬겨 온 지난날의 일을 글로 써 보겠다는 계획은 없었습니다. 작년 팔순 생일(2022년 10월 26일) 새벽 기도 중에 성령님께서 감동을 주시기에 글을 모아 보았습니다.

주님이 인도하신 이 사역이 제게는 큰 은혜이고 참으로 귀한 일이라 제 나름대로 지난날을 회고해 보았습니다. 세월이 흘러 노둔하니 행여 부족함이 있더라도 주님의 사랑으로 봐주시고 기도해 주시기 바랍니다.

모든 일이 하나님의 크신 은혜요 하나님의 주관 아래 있습니다. 감사합니다. 끝으로 이 글의 정리에 도움을 주신 박재갑 목사님과 작품을 만들어 주신 제작자 여러분께도 깊은 감사를 드립니다.

2023년 6월
송동엽

목차

마닐라 선교 사역

1장

세상의 야망

A. 성공 지향

가난하고 우울했던 사춘기에 종소리를 듣고 교회를 다니기 시작했습니다. 친구들이 다들 학원에 다니며 진학을 준비하는 것을 보고 저도 진학의 꿈을 꾸었습니다. 상고를 마치고 온갖 수단을 다하여 서울로 올라가 초등학생들을 가르치며 고학을 하여 대학생이 되었습니다.

1. 종소리, 인생의 가장 큰 축복이

저는 열 가구만 있는 한가한 들녘의 마을에서 태어나 초등학교를 졸업했습니다. 그 후 공부를 더 하려고 아버지가 계시는 군산으로 갔습니다. 당시 아버지는 공직에 계셨는데 따로 나가 사셨죠.

형편이 어려워 중학교를 거쳐 상고를 졸업하고 직장을 구하려 했습니다. 수업료를 내지 못해 자주 꾸중을 들었습니다. 듣다 보니 자존심이 상하고 부끄럽기도 해서 기를 펴지 못했죠. 가끔 학교를 가지 않고 방황했습니다.

어느 날 어두워질 무렵 중앙로를 터벅터벅 걸어가고 있었는데 갑자기 어디선가 종소리가 들렸습니다. 얼마나 크게 울리는지 몸이 진동하고 가슴이 떨리기 시작했지요. 어찌나 신기하던지요. 주위를 둘러봐도 어디에서 울리는지 알 수 없었어요. 한동안 계단에 앉아 마음을 진정시켰습니다.

그때 어떤 아주머니 두 분이 즐겁게 이야기를 하며 계단을 올라가더라고요. 저도 모르게 따라 높은 계단을 올라갔죠. 교회당이 보이고 그 옆의 종탑에서 한 남자가 줄을 당기고 있었습니다. 막상 가까이에 가서 보니 소리가 그렇게 크지는 않은데 이상하게도 거리에서 제 귀에는 엄청나게 큰 소리로 들렸습니다.

두서너 명씩 모여 교회당으로 들어가는데 모두가 밝아 보였습니다. 어떻게 저리도 행복한지요? 난생처음으로 교회당에 발을 디딘 저는 두렵기도 하고 신기했죠. 저도 그들을 따라 교회당으로 들어갔습니다. 뒤쪽 의자에 살며시 앉아 있으니 빨간색 바닥으로 된 단상에 검은 두루마기 같은 차림으로 누가 올라와서 말씀하기 시작하더군요. 목사님인 것 같은데 하나님이 말씀하는 것 같이 보이지 않겠어요? 무서워져 나가려고 했는데 한편으로 더 있고 싶은 마음이 생기는 거예요.

조금 있으니 목사님이 책을 펴고 "수고하고 무거운 짐 진 자들아 다 내게로 오라 내가 너희를 편히 쉬게 하리라."라고 읽었습니다. 그리고 무슨 말을 이어 하셨죠. 그 말씀이 저한테 하는 것 같았습니다. 위로를 받기보다 무서워져 조용히 빠져 나오고 말았습니다. 그때 밖에 있던 여자 분이 말했어요. "학생 예배에 참석하세요. 일요일 아침 9시에 있어요." 아마 안내하는 분이였던 것 같아요.

제가 어떻게 교회당을 갔고 이상한 말을 듣게 되었는지 신기했습니다. 다시 오라는 말을 생각하면서 99개의 계단을 내려왔죠. 거리를 걸으면서 일요일에 다시 가야겠다는 마음이 들었습니다. 기다리게 되었죠.

드디어 일요일이 되자 저는 학생 예배당인 별관으로 갔습니다. 예배 시간이 오전 9시였지만 두렵기도 하고 기대가 되어 30분쯤 일찍 갔죠. 좀 일러서인지 몇몇 학생만 왔다 갔다 할 뿐이었습니다. 저는 외떨어진 곳에서 두리번거리다가 학생들이 하나둘씩 들어가는 것을 보고 끼어 들어가려고 했죠. 긴장하고 있는데 어느 학생이 옆에 와서 "오늘 처음 나오나요?" 하며 친절히 말을 걸더군요. 흔쾌히 그와 같이 들어가 뒷자리에 앉았습니다. 가슴이 두근거리기는 마찬가지였습니다.

학생이 사회를 보고 다른 학생이 기도를 하더니 아저씨 같은 분(교사)이 설교를 했습니다. 무슨 돈도 거두는데 그게 헌금인지 몰랐습니다. 낼 돈도 없었어요. 얼마 지나니 새로운 학생을 소개한다며 제 이름을 부르고 군산상고 2학년이라고 알리더군요. 상고라는 소개하는데 얼마나 부끄러웠는지요. 또 아는 학생이 하나도 없어서 당황스러웠습니다.

예배가 끝나자 많은 학생들이 나왔는데 임원들이 제게로 와서 악수를 청했습니다. 활짝 웃으며 환영했으나 여전히 떨렸어요. 그런데 아무리 보아도 상고 학생은 한 명도 없는 게 아니겠어요. 거의 군산고등학교, 군산여교 학생이었고 군산여상 학생이 세 명이 있었죠.

왜 우리 학교 학생은 없을까 생각했죠. 아무래도 상고 학생들은 생활의 여유도 없고 가정이 어려웠기 때문에 교회 나오기가 쉽지 않은 것 같았습니다. 먹고살기가 어려우니 일해야지 쉬는 날이라고 한가하게 교회 나올 수 없었을 것입니다.

_____ 필리핀의 노숙자 선교사

매주 교회를 다니다 보니 군산고 학생인 임원들과 친해졌습니다. 집에서 어두웠고 학교에서 우울하고 외로웠던 제가 점차 마음이 녹고 기쁨이 솟기 시작했습니다. 무척 행복했습니다.

2. 서울로 도망가야지

교회 생활로 임원과 학생들과 가까워지면서 더욱 기쁘고 즐거웠습니다. 교회 친구뿐 아니라 일반 친구들도 서서히 사귀었습니다. 외톨이에서 벗어났죠. 그들의 집을 방문했는데요, 그들은 저와 너무 다르게 살았습니다. 거의 중산층 이상이었어요. 그들은 모두 다 좋은 대학에 진입하려고 열심히 공부하였고 학원도 다녔어요.

당시에도 영어, 수학 학원이 있었는데 군산고등이나 군산여고 학생으로 꽉 차 있었습니다. 우리 교회 학생도 모두 이곳에서 공부를 하더군요. 전부 대학을 진학하려고 학교 수업과 더불어 학원에 가서 공부를 하고 있었죠.

어느 날 친구를 따라 학원을 가 보았죠. 불현듯 생각이 들더군요. 나도 대학에 갈 수 있지 않을까? 새로운 도전 정신이 들더라고요. 학원을 나와 거리를 거닐면서 계속 그 생각이 머리에 맴돌았어요. 할 수 있다는 생각을 하며 한동안 많은 고민을 했죠.

겨울 방학이 끝나고 3학년이 되어 갈 때였습니다. 그동안 사회반에서 주산과 부기를 배우고 졸업 후에 취직하려 했는데 생각을 바꾸었습니다. 취업이 아니라 3학년에는 진학반으로 옮기기로요. 늦게 영어, 수학을 공부하여 어떻게 높은 점수를 받을 수 있을까요? 만약 진학한다면 어떻게 등록금을 마련한단 말인가요. 어이가 없는 일이었죠.

방법이란 졸업 전에 서울로 도망가는 길뿐이었습니다. 대학이 있는 곳에 가 보기로 했습니다. 그러나 막막하기만 합니다. 말만 들었지 아는 사람 하나 없는 서울에 가서 어떻게 살아간단 말입니까? 그럼에도 상경하기로 다짐하며 많은 생각을 했습니다. '서울로 가 보자. 무슨 일을 하던 어떻게 공부를 하던 그것은 그때의 문제이다. 아, 언제 어떻게 간단 말인가!'

졸업을 앞두고 작심하고 기회만을 찾고 있었습니다. 어느 날 길을 가다가 거리에서 떨어진 신문을 주었습니다. 계단에 앉아서 펴 보았더니 광고란에 한눈에 확 들어오는 글이 있었어요. '신학생 모집, 숙식 제공' 자세한 내용을 읽어 보았으나 잘 모르겠고 다만 '학비 면제. 무료 숙식'이라는 글에 관심이 쏠렸습니다. 즉시 이런 생각이 떠올랐습니다. '야, 이런 곳이 있다니. 그럼 이곳에 가면 되겠구나.'

너무나 좋아서 떨리는 마음을 진정시키며 생각했습니다. '차비는 어떻게 한단 말인가? 어머니에게 살짝 거짓말을 해야겠다. 어쩔 수 없다.' 그리고 언제 어떻게 갈 것인가를 궁리했죠. 제출 서류도 모르겠고 준비할 수도 없었기에 그런 것에는 신경 쓰지 않았습니다. 가서 해결하겠다고 위안하고 차비를 마련하려고 했죠.

어느 날 어머니에게 '서울에 있는 친구 하나가 직장을 소개해 준다는데 가 봐야 한다'고 말씀드렸습니다. 없는 처지에 어떻게 차비를 마련하실지 주겠다고 하시더군요. 너무 좋았습니다. 날짜를 정하고 군산에서 여객선을 타고 금강을 건너 맞은편 장항에서 서울로 가기로 했습니다. 갈 때는 도둑 열차를 타기로 했죠.

3. 이왕에 상경했으니

날짜가 되자 어머니께서 약속한 돈을 장만해 주셨습니다. 비록 적은 돈이지만 감사했죠. 상경할 수 있어서 뿌듯하더군요. 배를 타고 장항에 도착하고 기다렸다가 보통 열차를 탔습니다. 도둑 기차를 탔으니 자리에 앉을 생각은 할 수 없었죠.

주로 열차 연결부의 출입문에 서서 갔습니다. 차장이 어디에 있는지, 오는지 눈을 굴리며 살펴보았죠. 차장이 올 때면 잽싸게 뒤쪽으로 피하거나 화장실로 들어가 숨기도 했죠. 기차가 역에 정차하면 맨 앞 차량으로, 혹은 맨 뒤 차량으로 옮기며 피했습니다. 어떤 큰 역에서는 다른 열차를 타기도 했습니다. 한두 시간이 아니라 일고여덟 시간이 걸리기에 무척 힘들었습니다. 해 본 적도 없는 도둑 열차를 타자니 조마조마하고 붙잡힐까 봐 무섭기도 했습니다. 그러나 어쩌겠습니까? 마음을 단단히 하고 이리저리 피해 다녔죠. 그러다 보니 서울역에 도착했습니다. 역을 빠져나갈 길을 찾아보다가 어찌어찌하여 나올 수 있었습니다.

역에서 목적지인 돈암동까지 전차로 가서 내린 후 거기서 묻고 물어 찾아갔습니다. 신학교가 어디 있는지 물으니 사람들이 잘 몰랐습니다. 너무 작아서였겠죠. 이곳저곳 헤매다가 미아리고개를 넘자 오른쪽에 조그마한 간판이 보이더군요. 드디어 찾았습니다. 막상 찾게 되니 면접을 위해 아무것도 준비하지 않았기에 두려웠어요.

일단 간판과 화살표를 따라 언덕을 올랐습니다. 신문 광고가 사실이어서 힘이 났죠. 한참 올라가 빙빙 돌아갔더니 언덕 꼭대기에 두 동의 막사가 있더군요. 학교 같지 않았지만 가까이 가 보았습니다. 뒤 동에 불이 켜

져 있기에 가서 노크를 했습니다. 문이 열리더니 50대 중반쯤 되는 어른이 보였습니다.

신학교 시험을 보러 왔다고 하니 들어오라 하더군요. 그분이 신학교 원장이었습니다. 간단히 몇 마디 묻고는 저녁을 먹었느냐고 하기에 두려워서 못 먹었지만 먹었다 했답니다. 바로 옆에 큰방(공동 숙소)으로 안내하기에 들어가 쉬었습니다. 신학교가 이런 곳인가? 한참 앉아 이런저런 생각을 하다가 잠이 들었습니다. 일찍 일어나 있다가 아침을 먹고 원장님과 면접을 하였습니다.

원장 목사님은 입학 시험은 오는 대로 한 사람씩 한다고 입을 여셨습니다. 성경을 묻는데 하나도 몰라서 대답을 못했고, 영어를 묻기에 몇 가지를 대답했으나 잘 알고 말한 것은 아니었습니다. 그다음에는 다니는 교회나 세례 증명, 또 부모의 직분에 대해 물으셨는데 할 말이 없어서 모두 허위로 대답했습니다. 왜 목사가 되려 하느냐는 질문에도 솔직히 말할수가 없어서 거짓말을 했죠. "목사님이 좋아 보여서요."라고 했습니다.

원장님은 '입학을 시킬 수는 없다. 그러나 입학해서 성경 공부를 열심히 해서 목사가 되기를 바라느냐?'고 하기에 그러겠다고 했습니다. '그럼 합격시켜 줄 테니 꼭 그래야 된다고, 돌아가서 담임 목사님의 추천서, 세례 증명서 등을 가지고 3월 개학 때 오라'고 하셨습니다. 학비도 없고 숙식비도 없다고 하기에 신기하기도 하고 고맙고도 두려웠습니다. 왜냐하면 전부 거짓말을 했기 때문이었죠.

잠시 쉬었다가 점심을 먹고 시내로 내려와 전철을 타고 서울역으로 왔습니다. 대합실에서 장항으로 돌아갈 생각을 하면서, 서울에 정착할 수 있게 되어 일단 성공했다고 여겼습니다. 촌놈이 서울에서 살 수 있게 되었구나 하면서 좋아했죠. 목사가 된다는 것은 거짓말이고 있을 수 없는 일이었습니다만, 일단 서울에서 공짜로 먹고 자면서 대학에 들어갈 길이 생겼다는 데 안도하였습니다.

4. 신학 생활을 거쳐

입학 허락을 받고 바로 군산으로 돌아왔습니다만 어려운 문제에 부딪쳤습니다. 신학교에서는 그렇다 치더라도 담임 목사님께 신학교 면접에서 한 사실을 어떻게 말씀드려야 할지요? 몹시 겁이 났습니다. 이왕 이렇게 되었으니 어쩌겠습니까? 다시 용기를 내고 마음을 다독이며 속여서라도 증서를 받기로 했습니다. 무엇이 이렇게 거짓되게 했을까요? 대학 진학의 꿈일까요, 출세의 야망이라고 해야 할까요?

목사님 댁을 방문하였습니다. 하늘 같은 목사님을 찾아가 뵙자 사실대로 말하고 용서를 받아야겠다는 생각이 들었습니다. 그 후에 필요한 서류를 부탁하기로 했습니다. 그렇게라도 하지 않으면 상경한 일이 헛될 것 같았습니다. 목사님에게 신학교의 거짓 면접을 고백하였습니다.

목사님은 어처구니가 없는지 한동안 말씀을 않으시더니 '그렇게 하고 어찌 신학 공부를 하여 목사가 되겠다는 것인가?' 꾸짖으셨습니다. 사실을 다 고하고 다시는 그런 일이 없도록 하겠다고 눈물을 흘리며 용서를 구했습니다. 목사님은 저를 측은히 여기시고 그러면 하나님께서 용서해 주실 것이라고 달래시며 오는 주일에 특별 세례를 주겠다고 하셨습니다. 그렇게 주일 예배 중에 온 성도님들 앞에서 세례를 받았고 세례 증명서와 추천서를 받았답니다.

저는 내일의 꿈을 위해 증서를 받은 것을 기뻐했습니다. 그리고 어머니에게 사실을 알렸습니다. 엄하신 아버지께는 말하지 않았죠. 그랬다간 혼쭐이 날 것이니까요. 어머니는 '네가 무슨 목사가 된다는 것이냐? 대학을 가겠다더니 무슨 신학교란 말이냐?'며 반대하셨죠. 서울을 가지 말고 취직해야 한다고 하셨습니다. 더 이상 대화를 할 수 없어서 자리를 피했습니다.

그리고 몰래 상경하여 다시 신학교를 찾아가 서류를 내고 입학했습니다. 신입생이 13명이었는데 거의 30대 이상이고 26세가 한 명이었습니다. 제가 18세로 가장 어렸습니다. 두 방에서 나누어 공동생활을 하면서 공부를 하였습니다. 당연히 식사나 청소 등 모든 일은 당번제였습니다.

공부, 성경, 기도, 찬송 모든 것이 생소하고 이해하기 어렵더군요. 바보가 된 듯이 답답하고 날이 갈수록 힘들었어요. 당연한 일 아니겠어요. 마음이 콩밭에 가 있으니 말이죠. 어떻게 해서 도망갈까 궁리를 했죠.

집에서 다니는 학생이 하나 있는데 그와 가까이하여 친해졌습니다. 어느 날 학교의 허가를 받아 그 학생 집을 찾아가 보았습니다. 그의 집은 한 방에 다섯 식구가 살고 있었습니다. 그러나 어쩌겠습니까? 하는 수 없이 새우잠으로 하룻밤을 지냈습니다.

그날 그 부모님이 청량리 시장에서 잡상을 하는 데를 찾아가 보고, 거기에서 국수를 먹었습니다. 얼마나 맛이 있었던지 오랫동안 잊을 수 없었습니다. 상경한 후에 처음 먹은 외식이라 그랬는지도 몰라요.

이럭저럭 신학교에서 지내다가 어느 날 도망가야겠다고 결심을 했습니다. 다시 그 학생의 집을 방문하려고 외출 허가를 받으려다가 그만두었죠. 그가 나중에 추궁을 당할 것이 우려되었기 때문입니다. 그나마 조금 양심은 있었던 게죠. 대신 깊은 밤에 도망가기로 했어요. 당시에 야간 통행금지가 있었답니다. 그래서 11시 30분쯤 가방에 옷가지를 넣고 당번의 눈을 피해 빠져나왔습니다. 살짝 걸어 나와 울타리를 넘었죠. 그 밤에 멀리 갈 수 없어서 근처 야산의 바위에서 밤을 지냈습니다. 동이 트기에 그 학생 집이 있는 근처 홍릉의 산으로 피했어요.

  그렇게 빠져나오기는 했는데 막막하더군요. 어디로 가야 하며 어떻게 먹고살아야 하는지? 잠은 큰 염려가 되지 않았어요. 홍릉의 산에서 자면 되기 때문이죠. 어디서 먹을 걸 구해야 할 지가 문제였어요. 어물거리다가 청량리역으로 가 보았습니다. 거기서 우연히 노점을 하는 어떤 청년, 형을 알게 되었습니다. 거기서 잔심부름을 하고 물건을 지켜 주면서 밥을 조금씩 얻어 먹고 살았지요.

  그러면서도 주일엔 교회를 나갔답니다. 청량리 중앙교회에서 어쩌다 한 여자 집사님을 알게 되었습니다. 그분이 저의 처지를 아시고 초등학교 학생을 가르치는 과외 수업을 해 보라고 하셨습니다. 이 촌놈이 어찌 서울에 사는 학생들을 가르칠 수 있단 말입니까? 도저히 용기가 나지 않고 두려워서 한참 망설였습니다. 그러다가 '거짓말도 잘하고 도망도 잘 치고 나름대로 담력도 있는데 뭘 못하겠어?' 하는 뚝심이 생겨 집사님께 하겠다고 말씀드렸습니다. 그 집에서 2시간씩 가르치기 시작했습니다.

  하다 보니 어려운 부분이 나오더군요. 공부하면서 가르치니 감당할 수 있었습니다. 그렇게 수고한 대가가 비록 적어도 저에게는 큰 힘이 되었습니다. 밥을 사 먹을 수 있었기 때문입니다. 잠자리는 아직 마련하지 못했지만 입시 공부를 시작할 수 있겠다는 생각이 들었습니다.

5. 고학으로 대학 진학을

세 명의 초등학생 중에 한 아이가 돈암동으로 이사를 가게 되었는데 그 어머니가 숙식을 제공할 테니 같이 살면서 아들을 가르쳐 달라고 했습니다. 이 어찌 된 일인가요? 이러면 숙식이 다 해결되는 게지요, 잘못 들은 것인가, 아니면 그 학부모가 그냥 해 본 말인가 의심하면서 물었습니다. 그것이 무슨 말인지? 같이 집에서 살며 아들의 가정교사가 되어 달라는 요청이 사실이었습니다. 실력 있는 대학생을 구하지 않고 별 볼 일 없는 나에게 부탁한단 말인가? 분에 넘치는 일이었죠.

아무튼 그러기로 하고 돈암동 안에 있는 기와집으로 이사를 갔죠. 편하기도 했으나 책임도 컸습니다. 부모님들이 밖에서 활동하시니 아이의 공부나 생활을 잘 돌봐 주어야 했기 때문이지요. 일하는 아주머니와 제가 아이를 돌보아야 했습니다. 다소 부담은 있었으나 개인 시간에 입시 공부도 하고 학원도 갈 수 있었기에 저에게는 더 좋았습니다.

학원을 다닐 수 있도록 학부모에게 부탁했더니 흔쾌히 허락해 주셨습니다. 대신 아이를 잘 돌봐 주고 함께 지내 주기를 부탁하셨죠. 저 역시 아는 사람도 없으므로 아이하고 잘 지낼 수 있겠다는 생각이 들었습니다. 가르치기도 하며 같이 학교를 가기도 했습니다. 가르치는 학생이 많지 않아서 영어 학원에서 수강할 수 있어서 너무 좋았습니다.

이렇게 가정교사를 1년 정도 하다가 청량리 꼭대기에 작은 방을 얻고 다시 애들을 모아 가르쳤습니다. 그러면서 입시 공부도 열심히 했습니다. 곡식이 익고 단풍이 물드는 입시철이 되었습니다. 응시할 대학과 학과를 조사했죠. 과를 법학으로 정했는데 이는 수학 실력이 너무 약했기 때문입니다. 모 대학의 법학과에는 수학 과목이 없기에 그곳에 지원했습니다. 다행히도 합격하였습니다.

아, 대학생! 드디어 상경하여 목적을 이루었습니다. 당시 저로서는 일류 대학은 꿈꿀 수가 없었기에 일반 대학에 입학한 것만이라도 말할 수 없이 기뻤습니다.

한편 어떻게 해서라도 상경하고 수단을 가리지 않고 대학생이 되겠다고 못된 짓을 한 것이 부끄러웠어요. 세례를 베풀어 주셨던 목사님과 신학교 원장님을 속였던 일을 생각하면 죄송스러웠습니다만 그것은 마음한 곳에 제쳐 두었습니다.

B. 영광의 성쇠

사람을 고난에 처하도록 하시는 것은 하나님의 본심이 아닙니다. 우리를 회개시키고 연단하기 위함이죠. 저는 대학생이 되어서 고학으로 졸업하고 취업과 결혼을 하고 한동안 풍요롭게 살았습니다. 그러나 일이 꼬이고 질병, 보증 등으로 삶은 나락으로 떨어졌답니다. 수심에 겨워 기도원에 갔다가 성령 체험을 하고 새롭게 변화되었습니다.

1. 고학으로 바쁜 대학 시절

대학마다 수많은 학생들이 있죠. 저도 비밀이 많고 이루고 싶은 꿈도 많았습니다. 법대생이면 누구나 꿈꾸는 것이 사법 시험에 합격하여 법조인이 되는 것이죠. 그렇지 않다고 하는 사람이 어디 있겠어요? 꿈을 이루려면 대학 생활의 전부를 공부에 전념해야 합니다.

하지만 저의 현실은 그렇지 못했습니다. 대학생이 되어도 여전히 경제적으로 어려웠습니다. 당장 식생활을 해결해야 하고 공부할 시간을 내야 합니다. 또한 매 학기에 등록금을 혼자서 준비해야 했습니다. 수입이 있는 일을 찾다가 전에 했던 초등학생 과외 공부를 시작하기로 했죠. 광고지를 만들어 벽과 전신주에 붙였더니 연락이 왔습니다. 학부모들이 찾아오고 하여 사오 명으로 팀을 만들었습니다. 경험이 있어서 일하기가 수월했죠. 한 달이 되면 받는 과외비로 식생활을 해결할 수 있었습니다. 참 감사한 일이었습니다.

대학생이 되어서는 교회를 더 잘 다니기로 했습니다. 한 학부모를 통해서 학교 근처로 나가게 되었습니다. 과외도 하랴 사법 시험 공부도 하랴 몹시 힘겨웠습니다. 그러면서도 교회 집사님의 시내 노점을 돌봐 드리며 심부름 알바도 했죠. 물론 과외가 없거나 학교 수업이 없는 오후에 주로 했답니다. 이런저런 일을 하다 보니 공부 시간이 줄고 점차 공부가 어려워졌습니다. 과외하고 알바 뛰다가 본 수업을 소홀히 하다니 될 말인가요?

이럭저럭 3학년을 마쳤으나 4학년 등록금을 마련할 수 없었습니다. 부득이 한 해를 휴학했습니다. 그동안에 더 많이 일하여 등록금을 마련할 수 있었는데 1년이 훌렁 지나더라고요. 꽃 피고 새 우는 새 학기가 시작되자 복학하였습니다.

이렇게 살다 보니 사법 시험은 포기하게 되었습니다. 졸업만이라도 해야겠다고 생각했습니다. 과외와 알바를 꾸준히 하면서 마침내 4학년을 마치고 졸업하였습니다.

2. 취업과 결혼, 성공의 끝에

이렇게 꿈을 이루었습니다만 다시 살기 위해 직장을 구해야 했습니다. 학교의 추천을 받아 공직과 준 공공 기관에 응시했으나 군 미필 문제로 번번이 합격하지 못했습니다. 그 당시 박 대통령의 특별 지시로 행정 쇄신을 한다고 군 미필자는 국가 기관에 취업이 금지되었죠. 저는 선의의 피해자였답니다. 복무를 기피한 것이 아니라 '3대 독자 이상 병력 면제'의 특혜를 받았기 때문입니다. 면제 대상이었으나 28세가 되어서야 법의 적용이 되기 때문에 그때까지 취업에 제한을 받았습니다.

이로 인하여 어려움이 계속 되었는데 다니던 교회의 중앙문화학원의 이사장께서 특별히 도움을 주셨습니다. 그래서 학교에서 일하며 교육대학원을 진학했답니다. 선을 봐서 순종적이고 착한 여자랑 결혼도 했습니다. 그 당시는 거의 중매로 결혼을 하던 시절이었죠.

학교에서 봉직하다가 노동청에 들어가 몇 년 근무했습니다. 그러다가 여러 배의 봉급을 주는 한양주택공사로 옮겼습니다. 잠시 다니다가 증권신문사를 거쳐 동아건설로 옮겼죠.

그러면서 살 집을 지었고 나아가 흑석동과 사당동에 두 채를 더 지어 많은 이문을 남겼죠. 그때 사당동의 집을 팔지 않았더라면 큰 부자가 되었을 것입니다. 그곳이 지금의 사당역 옆인데 현 시세로 천억쯤 되기 때문이죠.

부동산으로 잘 나갈 때 도시가스회사에 다니는 후배가 서울 근교에 회사 하나를 인수하였다고 맡아 달라고 부탁하는 것이 아닙니까? 돕기로 했더니 아, 글쎄 그런데 자금 운용에 어려움이 생기지 뭡니까? 몇 년간 막다가 결국 부도가 나 버렸습니다. 보증까지 섰는데 말이죠. 차압이 들어오고 곤경에 처하게 되었습니다. 더구나 그때 중풍으로 오래 고생하시던 아버지와 암 투병을 하는 아내로 인해 더욱 힘들었습니다. 무력감에 빠져 어디론가 훌훌 떠나고 싶었습니다.

3. 기도원 체험, 내가 웬일로

  어디로 갈까 하다가 조용한 기도원으로 가기로 했습니다. 누구에게 물었더니 수도원과 같이 아주 조용한 기도원을 소개해 주더군요. 어디로 가면 기도원 승합차가 하루에 두세 번 오니 그것을 타고 가면 된다고 했습니다.

  며칠 후 날을 잡아 찾아갔지요. 몇 사람과 함께 기다리다가 차가 오기에 같이 탔습니다. 한참 가다가 도착하였습니다. 아니 그런데 제가 가려던 곳이 아니었습니다. 내렸더니 냄새가 진동하는 게 아닌가요? 이상해서 주위를 살펴보니 온통 환자들이었습니다. 본당에는 더 많은 사람들이 있더군요. 대게 병자들이었습니다. 물어보니 암 환자와 같은 고질병자들로 꽉 찼다고 합니다. 이런 모습을 보니 역겹기도 하고 무섭기도 했습니다.

  아, 잘못 왔구나 하며 한참 두리번거렸습니다. 다시 나오려 했지만 날은 어두웠고 정문에서 허락하지 않더군요. 가만히 지켜보자니 사람들이 교회당으로 들어가 찬송을 한다며 박수를 치며 시끄럽기 짝이 없었습니다. 난리 난 것 같았는데 아마 저녁 예배 시간이었나 봅니다.

  옛날 학창 시절에 기도원에 가 본 일은 있었는데 그때는 뜨거움, 회개, 눈물과 결단이 있었습니다. 지금은 분위기가 다른 것 같더군요. 조용히 지나간 삶을 뒤돌아보고자 했는데 이 기도원은 광기가 있어 보이고 영 마음에 와닿지 않았습니다.

그때 갑자기 기도굴이 보여서 들어가고 싶은 마음이 들었습니다. 들어갔더니 아무도 없었습니다. 사람들이 다 본당으로 갔기 때문입니다. 깊이 들어갔더니 무서움이 느껴지는 거예요. 그렇지만 좀 더 들어가 한 곳에 머물렀습니다. 눈을 감고 한참 동안 이런저런 일을 생각하다가 갑자기 찬송가가 부르고 싶었습니다.

♬ 나 같은 죄인 살리사 ♬ 노래가 저도 모르게 입에서 흘러나왔지요. 연이어서 들었던 찬송이 자꾸 나왔습니다. 가사가 맞는지 생각지 않고 그냥 불렀더니 어느새 노래가 기도로 바뀌었습니다. 이 또한 저도 모르게 흘러나오고 눈물과 콧물도 흐르더군요. 그러더니 그야말로 황홀한 가운데 아까와 다른 기도가 터지는데 입과 혀가 떨리더군요. 뭐라고 계속 울려 나오더니 한참 후 저도 모르게 벌렁 넘어졌습니다.

꿈은 아닌 것 같은데 혼미해졌습니다. 그때 제 귀에 엄청난 소리가 들렸습니다. "네 이놈! 송동엽, 눈을 들어 네 앞을 보라. 무엇이 있느냐?" 시커먼 큰 바위가 보였습니다. 다시 말씀하셨습니다. "네 오른손을 펴 보아라." 아무 말도 못 하고 펴 보니 흰 계란이 있었습니다. "그 계란을 손에 쥐고 힘을 다해 앞에 있는 바위로 던져라." 하시기에 그랬더니 그 계란이 박살이 나 흔적조차 없어지더군요.

또 말씀하셨습니다. "네가 바로 그 계란이다. 바위 앞에 계란 같은 네가 감히 하나님을 속이고 교만하기 짝이 없구나! 내 말을 불순종하고 나를 믿는다 하면서 네 맘대로 고집으로 살았다."

지난날의 일이 사실이기에 두렵고 떨려 견딜 수가 없었습니다. 쥐 죽은

듯이 고개를 숙이고 있을 뿐이었죠. 그때 다시 말씀하시지 않겠어요. "두려워 말고 놀라지 말라. 내가 너를 새롭게 하리라. 내가 너를 쓰리라." 그 말씀을 듣고 눈을 뜨고 일어났습니다.

분명히 잠은 아닌 것 같으나 깨어나 보니 놀라웠습니다. 어찌나 평화롭고 자유로운지요. 철학자 파스칼이 하나님을 만나고 "오, 환희! 오, 환희!" 하며 소리쳤다는데 바로 그런 기분인 것 같았습니다.

굴 밖으로 나오니 하늘과 땅, 보이는 모든 것이 아름답게 보였습니다. 예배당에 가 보니 냄새가 전혀 나지 않았습니다. 안에 있는 환자들이 도리어 불쌍하게 보이고 얼굴을 부비고 싶어졌답니다. 기도원에 올 때 담배 몇 갑을 챙겨 왔는데 주머니에서 하나 꺼내자마자 냄새가 역하게 났습니다. 토할 것만 같아 돌아오는 길에 다 버렸습니다.

그렇게 성령 세례를 받고 정결함과 다시 태어남을 경험하였습니다. 새로운 모든 변화가 성령님의 능력이라고 느꼈습니다. 사도행전에 나오는 마가 다락방에 임한 성령님과 같다고 확신하였습니다. 백이십 명이 열심히 기도하다 약속하신 성령을 받고 능력으로 덧입어 강하고 담대하게 예수 그리스도 증거하였죠.

새롭게 변화 받은 저는 그동안의 재난이 왜 발생했는지 깨달았습니다. 아내가 '하나님의 일을 해야 할 사람이 엉뚱하게도 출세와 물질에 눈이 어두웠다'고 하던 말과 논쟁이 기억났습니다. 모든 불의한 삶의 형태를 버리고 신학 공부를 하고 훈련받아 하나님의 사람, 종이 되어야겠다고 결심했습니다.

집으로 돌아와 아내에게 잘못을 고백하였죠. 이렇게 주 하나님의 크신 자비와 은혜로 새롭게 변화되었습니다. 주님께 무한한 감사드립니다.

2장

선교 사명

신학을 마치고 필리핀 유니온 신학교로 교환 연수를 떠났습니다. 그곳에서 지역 교회에서 섬기며 수요 예배 설교를 했습니다. 그러다가 좀 떨어진 빈민 지역인 미나꺄얀에 가서 봉사하였습니다. 성경 공부와 전도를 하고 주일 학교도 했습니다.

그렇게 사역을 마친 후에 선교협력차 다시 필리핀에 왔죠. 햄버거 가게의 유리창에서 주린 어린이를 보고 금식 기도를 하다가 주님으로부터 거리의 사람, 노숙자를 위한 선교 사명을 받았습니다.

1. 필리핀으로 신학 연수를

아세아신학대학원(예장총회)에서 신학을 공부한 후에 필리핀의 유니온 신학교(UTS)로 연수를 가게 되었습니다. 그러자 아내가 둘째 딸을 영어권에서 대학을 보내기를 원했고, 친구 장로도 자기의 딸을 보내기를 부탁했어요. 그래서 함께 갔습니다.

저는 신학교가 있는 이무스에서 작은 집을 구했고 두 아이들은 그곳에서 영어 연수를 시작했답니다. 교환 연수에 참여하고 보니 영어가 부족하여 연구를 제대로 할 수 없었고 생활에 적응하기도 쉽지 않았습니다. 특히 경제 문제가 어려웠어요.

그런 가운데도 주일에 예배를 드리려고 근처에 있는 이무스 감리교회(UMC Methodist Church)를 찾아갔습니다. 아는 사람 하나 없는 낯선 교회였습니다. 60세 넘은 목사님께서 타갈로그(필리핀어)로 인도하셔서 한마디도 알아들을 수 없었습니다. 마치고 목사님과 인사하고 사모와 몇몇 성도와도 인사를 나누었습니다.

그 후 매주 그 교회에서 예배드리고 교제를 했습니다. 목사님께서 저에게 행사나 교우 심방, 성경 공부에도 참여해 주기 요청하시더군요. 타갈로그를 전혀 알아들을 수 없어 답답했지만 그렇게 하기로 했습니다. 성령님의 인도와 역사를 믿고 빠짐없이 참여했습니다. 목사님께서 때때로 기도를 주문하셨는데 할 수 없었지만 순종하였죠. 짧은 영어로 했는데 하다가 막히면 할렐루야를 말하거나 담대하게 한국말로 이어 갔습니다.

2. 필리핀 교회에서 수요 설교를

몇 달이 지나자 저는 목사님께 왜 수요 예배가 없느냐고 물었습니다. 그랬더니 저에게 시작해 보라고 하셨습니다. 깜짝 놀랐습니다. "어떻게 저에게 하라고요? 아닙니다. 영어도 짧고 타갈로그는 한마디도 못 하는데 어찌 한단 말입니까?" 하고 거절하였죠. 겸손이 아니라 사실 인도할 수 없었기 때문이었습니다.

제가 온 것은 연구, 강의와 세미나, 학교 행사와 활동에 참여하는 것이었습니다. 가장 어려운 것은 언어였습니다. 말이 통해야 뭐라도 할 것 아니겠습니까? 답답한 일이었죠. 영어는 그렇다 치더라도 타갈로그어는 도통 이해하기 어려웠습니다. 말이란 하루아침에 할 수 있는 것이 아니니 어쩝니까?

매주 두 번 학교에 가고 나머지는 집에 머물렀습니다. 생활 속에서 사람들과 접촉해 영어를 배워야 했습니다만 쉽지 않았습니다. 튜터(tutor, 가정교사)를 둘 수도 없고… 제일 좋은 방법이 교회에 참석하고 목회를 도우면서 배우는 것 같아서 적극적으로 활동했습니다.

목사님께서 전에 수요 예배를 가벼운 말로 시작해 보라고 하시더니 이제는 구체적으로 인도하고 설교도 하라고 하셨습니다. 참 황당했죠. 어떻게 그럴 수 있단 말입니까? 절대 못 하겠다고 했으나 목사님은 능히 할 수 있다고 하셨습니다. 안 되면 되게 하라는 말처럼 시도해 보라는 것 같았습니다. 말도 안 되는 일이었으나 순종하는 마음으로 해 보겠다고 말씀드렸습니다. 2주 후인 다음 달부터 하기로 했습니다. 돌아와 딸들에게 이야기했더니 어이가 없는지 호호호 웃기만 했습니다.

참으로 어처구니가 없었습니다. 하지만 기도하며 준비를 했죠. 시작이 너무 벅차 목사님께 인도를 부탁드리고 설교만 하기로 했습니다. 설교 준비를 할 수가 없어서 영어 성경을 놓고 구절을 적당히 배열하여 노트에 옮겨 적었습니다. 그냥 읽으려고 했지요.

드디어 수요일이 되었습니다. 예배당에 들어가니 목사님과 사모님과 따님, 직분자 두 분, 우리 딸 둘, 모두 7명이 모여 있었습니다. 예배가 시작되고 설교를 할 차례가 되었습니다. 작은 단상에 올라 간단하게 인사하고 기도를 했습니다. 성경 공부와 심방을 따라다니면서 해 본 적이 있어 시작했죠. 설교를 하려고 앞을 보니 떨렸습니다. 필리핀 사람의 얼굴을 보면 생소해서 떨렸는데 저의 영어 실력을 아는 우리 두 애를 보니 더 떨리는 게 아닙니까? 민망스럽기도 하고요.

달리 방법이 없어 준비한 노트를 펴 놓고 말씀을 읽었는데 그마저도 어렵더군요. 읽어 가다가 틈틈이 할렐루야! 아멘! 하였죠. 그런데도 앞에 있는 성도께서는 가끔 고개를 끄덕였습니다. 알아듣지 못하고 이해가 안 되었을 텐데 모를 일이었습니다. 이심전심으로 통했는지 모르겠어요.

다시 자세를 가다듬었습니다. 죽을 쑤든 밥을 하든 강하고 담대해야겠다는 생각을 하고 크게 "할렐루야, 아멘!"을 외쳤더니 떨림이 줄고 용기가 생겼습니다. 이렁저렁하다 보니 30분의 시간이 지나가 마칠 수 있었습니다. 끝나도 떨리는 마음이 진정되지는 않았답니다. 큰 모험이었습니다.

이런 식으로 몇 주를 지나니 소재가 말라 원고 작성이 더 어려워지더군요. 고민하다가 기도하였죠. '하나님! 원고 없이 하게 해 주세요. 생각나고 깨닫게 해 주시고 더욱 담대하게 해 주세요.'

어느덧 다시 수요일이 되었습니다. 교회로 갔더니 10명쯤 모여 있었습니다. 기도한 대로 성경만 읽고 앞을 바라보면서 강하게 외쳤습니다. 막히면 할렐루야! 아멘! 했는데 교인들이 화답하더라고요. 아, 그러니 더 용기가 나지 않겠어요. 제가 잘해서가 아니라 격려하느라 화답해주시는 것이었겠죠.

이처럼 몇 차례 이어 가니 신기하게도 잘되는 것 같았습니다. 어떤 때는 제 의도와 달리 다른 단어가 튀어나왔습니다. 나중에 사전을 찾아보니 그 말이 더 적합한 의미더군요. 웬일일까? 성령님께서 입술을 주장하셨구나! 깨닫고 감사하고 더 의지하게 되었습니다. 참으로 놀라운 일이었답니다.

_____ 필리핀의 노숙자 선교사

3. 미나까얀의 이야기

저는 이곳 이무스 감리교회에서 목사님을 도우며 목회와 언어를 배우고 싶어서 열심을 내었습니다. 어느 날 목사님께서 말씀하셨습니다. 이무스에서 4km 떨어진 곳 미나까얀에서 주일 오후 3시에 성경 공부를 겸하여 간단한 예배를 드리는데, 고등학교 교사이면서 신학생인 전도사가 인도하고 있으니 같이 가 보자고.

그곳은 아주 가난한 사람들이 살고 있었습니다. 바닷가 쪽에는 고목과 대나무로 엮어 만든 집으로 물위에 있더군요. 거기에 거주하면서 일하러 나가는 사람들이 많았죠.

성경 공부는 어느 부인의 집, 방도 마루도 아닌 좁은 공간에서 했습니다. 나무 같은 것을 의자 삼아 5-6명 공부하였습니다. 저는 선교사가 아니었지만 사역을 함께 해 보았죠. 공부가 끝나면 전도하러 나무 움막으로 갑니다. 거기 사람들은 대나무로 된 길을 잘도 걸어 다니는데 저는 그렇지 못했습니다. 자칫 밑으로 빠질 것 같아 아주 천천히 다녔습니다. 겨우 그들의 처소를 찾아 만나고 말씀을 전하며 이야기도 나누었죠. 그러다 보니 주님의 역사로 결신자도 생겼습니다.

또 한편 공터에서는 젊은 여자 신학생이 어린이들에게 말씀을 가르치고 노래와 무용도 가르칩니다. 우기에는 많은 비 때문에 부득이 중단하기도 합니다. 아시다시피 필리핀은 아열대 지역이기 때문에 사계절이 없고 우기와 건기가 있답니다. 덥기가 이루 말할 수 없죠. 다행히 그늘 아래에 들어가기만 해도 시원하답니다.

이렇게 협력 사역을 6개월쯤 하였을 때 누가 500달러를 보내 주셨습니다. 선교사도 아닌 저에게 고생한다고요. 전혀 생각지 못한 일이었죠. 정말로 놀랐고 감격스러워 눈물이 흘렀습니다. 그것은 저에게 큰돈이었습니다. 그때 갑자기 어린이 예배를 위해 공터를 렌트해야겠다는 감동이 밀려왔습니다.

주인에게 땅을 임차하고 대나무를 엮어 막사를 만들고 천막을 씌웠답니다. 거기서 어린이 주일 학교 성경 공부가 시작됐고 성인 예배와 성경 공부도 시작되었죠. 이 500달러가 어느 여인이 주님께 깨뜨려 드린 옥합이라 하겠습니다.

그렇게 신학 연수와 필리핀 현지인 교회의 협력 사역을 은혜 가운데 마쳤습니다. 모든 것이 감사했습니다.

4. 노숙자 선교 사명

귀국하여 신학교를 갔더니 형편과 상황이 많이 바뀌었더군요. 학장께서 교수와 교무과장을 맡기려 하셨는데 여의치 않았습니다.

진로를 달리 생각하던 때에 어느 목사님께서 도움을 요청하시더군요. 필리핀에서 선교를 하려는 젊은 목사가 왔는데 도와주라고요. 그분의 관심사가 저와 다른 분야이고 제가 정식 선교사로 있었던 것도 아니어서 무얼 도와주고 말고 할 게 없었습니다. 그런데도 그 젊은 목사님은 저에게 필리핀에 같이 들어가서 도와달라고 간청했습니다.

그날 밤 웬일로 같이 가고 싶은 마음이 들면서 막연히 가야겠다는 생각으로 가득 차기 시작하는 거예요. 그래서 다음 날 연락하고 일정을 잡아 다시 필리핀으로 건너갔습니다.

며칠 지나면서 저는 한 사건을 겪었습니다. 어느 날 밖에서 산보를 나왔는데 갑자기 배가 고팠습니다. 이곳저곳 둘러보니 멀리 맥도날드 간판이 보여서 들어갔습니다.

기본 메뉴인 햄버거 하나, 감자튀김 한 봉지, 콜라 한 잔을 주문하고 받아 들고 창가로 갔습니다. 앉아서 기도를 마치고 먹으려 하던 차에 갑자기 큰 소리가 들렸습니다. 천둥소리같이 유리창이 깨지는 소리가 들려 깜짝 놀랐죠. 가슴이 두근두근거리고 어쩔 줄 몰랐습니다.

창을 바라보니 이런! 창밖에서 대여섯 살 되는 시커먼 어린아이가 손을 입에 대고 햄버거를 달라는 것입니다. 마음을 진정시키지 못한 채 음식을 가지고 나가 주었죠. 그리고 정신이 혼미한 채 발걸음을 옮겨 집까지 왔습니다.

집에 돌아와 마음을 진정시키고 그 일을 생각해 보았습니다. 참으로 신비로운 사건이라 여겨져 한참 생각하다가 하나님께 기도하기로 했습니다. 삼일 간 금식하기로 작정하고 곧바로 시작했지요.

둘째 날 "구제하는 자는 풍족하여질 것이요. 남을 윤택하게 하는 자기도 윤택하여지리라(잠11:25)"라는 말씀을 보았습니다. '아, 맥도날드에서 본 아이처럼 가난한 사람들을 구제하고 도우라는 것이 하나님의 뜻이구나!' 하고 깨달았습니다. 그러나 그건 실행은커녕 생각할 수조차 없는 일이죠. 선교사로 파송 받은 자도 아니요, 선교 사명을 받은 자도 아니지 않습니까?

그러나저러나 하나님께서 그렇게 하라고 하신다면 제가 감히 어떻게 거역합니까? 이방에서 구제 사역을 하려면 파송도 받아야 하고 재정도 있어야 하지 않겠어요? 저런 빈곤한 자들을 사랑하고 도울 수 있는 마음도 있어야 하고요. 그런데 어쩌란 말입니까? 주님, 응답하여 주옵소서! 기도가 저절로 나왔습니다.

셋째 날에 "나라면 하나님을 찾겠고 내 일을 하나님께 의탁하리라."라는 말씀이 눈앞으로 스쳐 갔습니다. 하도 신기해 찾아보았더니 욥5:8의 말씀이었습니다. 그 순간 믿음이 왔습니다. 그래 하나님만 찾고 의탁하기만 하면 하나님께서 친히 해 주시겠지 하는 믿음이 확 생기더군요.

'그렇다. 내 인생을 뒤바꾸고 주관하시는 하나님께만 구하고 믿고 따르면 못할 일이 없겠다.' 할 수 있겠다는 확신이 들었습니다. 그래서 하겠다고 하나님께 고백하고 기도했습니다. 이렇게 하여 제가 필리핀의 노숙자 선교사가 된 것이죠.

이 사실을 아무에게도 말하지 않았죠. 같이 있던 젊은 목사님에게도. 참으로 놀라운 일이었어요, 하나님이 주신 사명이었습니다. 이리하여 노숙자 선교 사역을 시작하게 되었답니다.

3장

마닐라 베이 사역

A. 예배와 밥상

교회를 개척하고 거기를 기반으로 노숙자 사역을 하려고 했는데 오히려 내부의 말썽이 생겼습니다. 기도하고 하나님의 뜻을 따라 교회를 정리하고 오직 섬김에만 전념하기로 했습니다. 선교단을 설립하고 마닐라 해변에 나가서 예배를 드리고 음식을 나누었습니다. 사람이 불어나자 나눔과 봉사가 어려워졌으나 기꺼이 감내하며 꾸려 나갔습니다. 더 큰 장애는 당국에서 이런저런 이유를 대며 모임을 방해하는 것이었습니다. 그러나 이곳저곳을 피해 다니며 섬김을 이어 왔습니다.

1. 잘못된 생각

저는 하나님으로부터 확실한 응답을 받고 다음 날 아무 의심이나 두려움 없이 거리로 나갔습니다. 빵 30개를 사서 노숙자들을 찾아다니면서 나누어 주기 시작했죠. 혼자 그렇게 쭉 봉사하였습니다.

어느 날 같이 선교하러 오신 목사님에게 말했습니다. 그분은 필리핀에 선교를 하겠다고 하여 제가 안내하기 위해 같이 온 분이었습니다. "목사님은 원하시는 검도 선교를 계획하고 진행하시지요. 저는 거리의 사람들을 위해 본격적으로 선교해야겠습니다. 일을 시작하실 때까지만 돕겠습니다."라고 말이죠.

저는 이 일을 위해서는 한인 교회가 있으면 여러 가지로 힘이 되어 더잘할 수 있을 것이라 생각했습니다. 그래서 집의 마루에서 교회를 시작했습니다. 우리 딸들과 같은 건물에 사시는 분과 시작했는데 차차 한두 명씩 와서 다섯 명이 예배를 드렸습니다. 그리고 거리로 나가서 빵을 나누어 주기 시작했지요.

그러다가 마닐라 베이에서 노숙자들을 위한 예배를 드리게 되었습니다. 마닐라 베이는 마닐라의 바닷가인데 경치가 좋고 관광객들 지나가는 큰 대로를 옆에 끼고 있습니다. 식당과 상점, 호텔과 미국 대사관도 있답니다.

오전에 한인 예배를 드리고 점심을 뒤로하고 해변으로 갔습니다. 굶주린 그들에게 밥을 주고 함께 나누려고요. 현장에서 예배를 드리고 집에서 만든 음식을 가지고 가서 나누었습니다. 처음에는 거의 아이들만 집회에 참석했습니다. 성인 몇 명을 포함해서 30여 명 정도였습니다. 한참을 지나니 50명, 100명으로 늘어났습니다. 그러자 밥하기가 어려워졌죠.

한편 개척한 교회에서는 문제가 발생했습니다. 새로 온 성도 중에 남자 몇이 있었는데 이들은 필리핀에서 어렵게 지내는 자들이었습니다. 같이 거리 나눔을 돕고 섬기기보다는 오히려 도와주어야 할 분들이었습니다. 그들은 슬슬 도움을 청하더니 날이 갈수록 더 심해졌습니다. 여기서 말할 수 없는 일도 많았습니다.

이런 일이 계속되자 저는 한인 교회에 대해서 숙고했죠. 저의 사명은 노숙자 섬김이지 한인 교회 설립이 아니라는 것을 깨달았죠. 교회 설립이 잘못이 아니라 선교에 매진하지 않은 것, 즉 하나님의 뜻을 따르지 않은 것이 문제였죠. 하나님만 믿고 의탁해야 한다고 고백했는데 제 생각을 따랐던 것입니다. 교회를 통해 사역의 지원을 해야겠다는 저의 생각 말이죠.

그래서 하나님께 잘못을 고하고 진심으로 회개하고 한인 교회를 접었습니다. 그리고 선교만 하기로 다짐하고 새로 출발하였죠.

2. 오직 말씀대로

앞으로는 철저히 말씀을 따르기로 다짐했습니다. 마닐라 베이에서 예배와 나눔의 봉사를 하면서 단체의 이름을 짓고 등록하고 싶었습니다. 먼저 기도를 시작하였죠. 처음 세우는 선교 교회라 이름도 중요했기 때문입니다. 물로 당국에 등록함은 합법적이지요.

며칠 동안 기도하면서 하나님의 감동을 받았습니다. 우선 기쁘게 일해야겠다는 생각이 들었습니다. 정식으로 선교를 한 일이 없었고 더구나 상상도 못했던 거리의 사람들을 위해 섬기는 일이기 때문입니다. 일이 여간 어렵지 않을 테죠. 기쁘고 즐거운 마음으로 하지 않는다면 어떻게 하겠어요? 하나님께서 섬기라는 마음을 주시니 즐겁게 해야겠죠.

또 돕고 섬기라는 감동을 받아 순종하여 "JOYFUL CHURCH·HELPING MISSION"으로 결정했습니다. 즐거운 교회·돕는 선교란 뜻입니다. 그리고 당국(SEC)에 등록을 하여 종교 법인의 허가를 받았답니다. 할렐루야!

이어서 예배 때에 나무에 걸려고 제가 로고도 만들고 현수막도 만들었습니다. 예배는 매주 주일 오후 1시 30분에 시작하고 그 후에 밥상을 나누고 4시경에 마쳤습니다. 2시간 30분 정도 걸립니다.

힘든 일은 필요한 집기와 음식 재료를 바닷가 예배 장소로 옮기는 것이었습니다. 단상, 음향 기기, 천막, 솥단지, 버너, 식기 등 짐이 얼마나 많은지요. 지인의 도움을 받는 것도 잠시, 최선의 방법은 지프니(Jeepny)를 빌리는 것이었죠. 지프니는 가장 기본적인 대중교통 수단으로 지프를 개조한 차입니다.

이곳저곳 운전기사를 찾아가 상의하여 세를 내고 매주 사용하였습니

다. 그러나 기사가 시간을 지키지 않거나 오지 않는 일이 빈번하여 애타는 일이 많았습니다. 짐을 싣고 가서 준비하고, 끝나고 정리하고 다시 싣고 가는데 돕는 사람이 부족하여 얼마나 힘이 드는 일인지…. 짐도 점차 많아졌어요. 그렇게, 그렇게 지프니를 빌려서 사용한 것은 시청 공원에서 사역할 때까지 이어져 17년간 지속되었습니다. 그동안 어려운 일들이 많았습니다.

얼마 지나지 않아 노숙자 성도들이 100명이 넘었습니다. 밥을 해낼 능력이 부족하여 어찌해야 할지 몰랐습니다. 그때 하나님께서 어느 분을 통해 햄버거를 만들도록 하셨습니다. 필요한 기구를 한쪽에 준비해 두고 현장에서 예배드리는 동안에 봉사자들이 와서 햄버거를 만들고 주스와 함께 나누어 주게 되었죠.

돌이켜 보면 놀라운 일입니다. 맥도날드에서 햄버거 한 개 먹으려다 창가의 한 어린아이를 본 일로 시작된 본 선교단의 섬김인데, 때가 돼서 햄버거를 만들어 나누게 됨이라니… 은퇴할 때까지 지속하였습니다. 돌이켜 보면 제게는 참으로 신기한 일이랍니다. 인도하신 주님을 찬양합니다.

3. 갖가지 고난이 시작되다

바닷가에서 예배와 밥상 나눔이 1년이 되자 성도들이 200명 이상으로 늘어났습니다. 봉사도 많아지고 재정도 만만치 않았으나 어느 누구한테도 입을 벌리지 않았습니다. 제게 주신 말씀을 따라 행하겠다고 순종하기로 했기 때문입니다. 그건 "오직 하나님께만 구하고 의탁하라(욥5:8)"는 말씀이죠.

여력이 없어도 어찌해서라도 섬김을 밀고 나갔습니다. 아, 그런데 시청, 경찰 등 여러 관계된 기관에서 이런저런 사유를 들어 예배를 중단하라고 하더군요. 그럼에도 불구하고 예배와 나눔을 쭉 이어 갔죠. 때로는 예배의 설치물을 세우지 못하게 했지만 결코 섬김을 중단할 수 없었습니다. 그들이 막으면 다른 곳으로 모든 짐을 싣고 옮겼습니다. 미국 대사관 옆으로, 루네타공원으로, 마닐라호텔 앞과 뒤로, 멀리 파식(PICC)공원으로, 다시 바닷가로… 끊임없는 단속에도 중단하지 않았죠. 비가 올 때는 비를 맞아 가며 모임을 이어 갔죠. 어떤 어려움에서도 결코 중단하지 않고 예배와 밥상의 섬김을 지켜 왔답니다.

B. 아름다우나 더러운 마닐라 베이

마닐라 베이에서 예배와 나눔으로 봉사하다가 그곳이 너무 더러워 노숙자 봉사자들을 동원하여 청소를 시작했습니다. 큰 성과는 없었으나 이 것이 계기가 되어 한인회에서도 하고 마닐라 당국에서도 정규적으로 시행하게 되었습니다. 환경을 보호하는 것은 현대의 추세지요. 이곳저곳 옮겨 다니며 드리던 예배는 마침내 시장의 배려로 새 장소로 옮기게 되었습니다. 오랜 고난을 통한 승리라 생각합니다.

1. 바닷가에서 처음으로 한 일

마닐라 바닷가에서 노숙자를 위한 예배와 밥상 공동체를 시작하기 전의 일입니다.

저는 말라떼 지역을 중심으로 해서 빵을 구입해서 매일 거리를 돌면서 빵을 걸인들에게 나누어 주었죠. 그것은 서민들이 가장 좋아하는 '시마다'란 빵입니다. 거의 혼자서 하지만 때로는 봉사자 학생들과 같이 하기도 한답니다. 그 당시만 해도 거리를 다니기도 쉽지 않았죠.

특히 마닐라 베이에는 노숙자들이 자리를 차지해 움막을 치고 살았습니다. 잠은 물론이고 거기서 밥도 지어 먹고 아래로 가서 빨래를 하고 목욕도 합니다.

그럼에도 이 거리가 너무나 정겹고 아름다웠습니다. 석양의 놀이 아름다워 필리핀 사람은 물론이요, 근처의 호텔에서 외국인 관광객들이 나오곤 했습니다.

　그러나 거리는 더러웠고 냄새가 진동하지 뭡니까? 밤엔 가로등이 어둡고 노숙자들이 몰려 있어 가기를 꺼려하죠. 주머니 털리는 일은 다반사이고 싸움뿐 아니라 살인 사건도 있었다고 합니다.

　어느 날 그리로 가서 빵을 나누어 주고 싶은 마음이 들더군요. 현지인들이 말렸습니다. 좋은 일이지만 불상사가 생길 수 있다며, 저는 외국인이라 더욱 그렇다고 했습니다. 그럼에도 불구하고 저는 하나님께서 함께하리라는 믿음을 가지고 준비하였죠.

　해가 질 무렵, 그들이 배가 고픈 시간에 찾아갔습니다. 약간 두려웠으나 웃으며 빵을 나누어 주었죠. 그들도 미소를 짓고 "땡큐!" 하며 감사했습니다. 어떤 이는 째려보거나 사나운 표정을 지으며 받지 않기도 했습니다. 이런 자는 거의 귀신 들린 자들입니다. 나중에 영적으로 알았죠.

　그곳을 갈 때마다 한 가지 생각이 들었습니다. 여기에서 예배를 시작하게 되면 꼭 쓰레기통을 설치해야겠다고….

마닐라 베이의 예배가 시작했을 때 실천하였습니다. 그곳의 관광 경찰과 상의하여 멀리 있는 이무스로 가서 드럼통을 사 왔죠. 차로 싣고 와서 반으로 절단하여 페인트칠을 하였습니다. 우리 교회의 이름을 써서 어느 정도 간격을 두고 15개를 설치하였습니다.

그랬더니 노숙자들이 드럼통에 쓰레기를 버리기 시작하더군요. 그것을 보고 감사하였습니다. 하나님께서 제게 주신 거리를 보호하는 것도 귀한 일이라 믿고 기뻐했죠.

2. 마닐라 베이 청소를 시작하다

계속되는 당국의 단속으로 방랑 선교를 해야 했죠. 고난은 여전했습니다. 당시의 도로(Roax Blvd Bay)가 접해 있는 마닐라 베이는 무척 더러웠습니다. 많은 노숙자들이 밤이 되면 몰려와 먹고 잤으며, 소변은 물론 대변도 서슴지 않아 곳곳이 냄새가 물씬 풍겼습니다. 해변에도 온갖 쓰레기가 하수구를 통해 밀려와 넘실거렸고 역한 냄새를 더했죠.

우리는 노숙자들과 함께 청소를 하고 싶었습니다. 미국 대사관 옆에 있는 관광 경찰(Tourist Police)에게 청소 협조를 요청하였습니다. 날짜를 정하고 노숙자 성도에게 우리도 한 번 좋은 일을 해 보자고 설득했죠. 일할 수 있는 남성을 중심으로 20명을 선정하였습니다.

저는 일꾼에게 보답을 해 주려고 생각했습니다. 햄버거와 음료수, 약간의 사례금을 주고 싶었어요. 이를 위해 기도를 하고 있었는데 어느 봉사자가 얼마를 봉헌하였습니다. 이들을 위해 축복해 달라고 하면서요. 고맙게도 하나님께서 적절한 때에 도와주셨습니다.

정한 날에 모여 청소를 시작했습니다. 모두 땀을 흘렸으나 각종 쓰레기들이 너무 오랫동안 쌓여 있어서 끌어내기가 어려웠습니다. 일일이 수작업으로 하니 얼마나 힘이 들던지. 생각만큼 많이 하지 못했습니다.

그러나 우리 노숙자들이 먼저 청소를 시작했다는 사실에 기쁘고 자랑스러웠습니다. 늘 빌빌거리던 노숙자가 일을 했다니, 그 자체가 의미 있고 놀랍지 않습니까?

이 소문이 퍼지자 필리핀 한인 회장께서 한인회에서 해 보자는 의견을 내고 시행했습니다. 규모가 커지자 한인회의 부녀회와 관계 단체가 연합하여 큰 성과를 거두었습니다. 놀라운 일이었죠.

그때 한인회 회장은 새생명교회의 장재중 장로였습니다. 유니그룹(uni group co.) 회장이기도 했습니다. 한국인으로 필리핀에 가장 성공한 사업가라 말하더군요.

한인회에서 청소를 시작하기로 한 날이었습니다. 아침에 밀물이 들어와 작업할 수 없을 것이라 걱정을 하고 있었죠. 그렇지만 나가서 할 수 있는 데까지 하자며 추진했죠. 저는 새벽에 현장으로 나갔답니다.

이것이 웬일인지 밀물이 다 빠져나간 게 아닌가요? 오, 무슨 기적인지 어찌 된 일인지 놀라웠습니다. 물이 빠져나가 예정대로 청소를 시작할 수 있었습니다. 수많은 단체와 사람들이 와서 파묻힌 쓰레기를 거의 다 치웠죠. 저는 이 일이 모세의 홍해의 갈라진 길과 같다고 조용히 생각해 봤습니다. 기적의 역사였죠.

이런 일들이 계기가 되어 훗날 마닐라 시청에서 정규적으로 청소 작업을 시행하게 되었답니다. 도로(Roax Blvd Bay)가 다시 아름다운 해변 거리로 변했고, 쓰레기 장소였던 해변도 대대적인 개발로 고운 모래밭으로 바뀌었습니다. 저는 이 일이 하나님의 역사로 믿습니다.

3. 고난이 축복으로 바뀌었다

청소 이야기를 마치고 다시 마닐라 베이 봉사의 이야기로 돌아오겠습니다. 마닐라 베이의 노숙자 사역은 고난의 연속이었습니다. 그 사역은 거리의 사람들의 구령과 삶을 위해 예배와 밥상으로 섬기는 것입니다.

마닐라 해변의 거리는 관광 통로요 경관이 좋은데 특히 저녁놀이 아름답습니다. 그런데 노숙자들이 우글거리고 관광에 장애를 일으키니 될 말입니까? 시에서 정비 사업을 계획하고 있다는 소문이 들렸습니다.

시청 직원들이 가끔 와서 예배를 중단하라고 하기도 했죠. 괴로웠으나 중단할 수는 없었습니다. 이리저리 옮겨 다녔으나 해변을 벗어나지는 않았죠. 안타까워 주위 사람들과 선교단의 봉사자들이 시장을 찾아가 도움을 청하라 했습니다.

　그러나 저는 하나님께 기도하고 있었습니다. 하나님께만 구하고 의탁해야겠다는 말씀을 마음에 담아 두고 왔기 때문이죠. 제 사명을 이루는 말씀이니까요. '왜 내가 사람을 찾아가 구해야 한단 말인가? 그럴 수 없다.' 생각하고 말없이 하나님을 의지했죠. 모든 일에 있어서 하나님만 의지하기로 작정하고 하나님께 구해 왔던 것입니다.

　어느 날 아들이 시청 직원이 또 나왔다고 전해 주었습니다. 당시 두 아들이 필리핀에 와서 공부하고 있었습니다. 예배 중이었으므로 끝나고 만나겠다고 말하고 진행했습니다.

　예배가 끝나고 밥상 나눔을 준비하는 중에 그들이 왔습니다. 그런데 이게 무슨 일입니까? 단속하던 시청 직원이 시장(Atienza)이 예배 장소를 마련해 주겠다는 겁니다. 다음 날 9시에 문화관광국으로 오라는 겁니다. 할렐루야!

저는 깜짝 놀라면서 그러겠다고 했죠. '예비하시는 하나님께서 때가 되어 역사하신 것을 봅니다.' 하고 감격했죠. 때를 따라 역사하시는 우리 하나님, 찬양합니다.

4. 하늘 문이 열렸다

약속 시간이 아침 9시라지만 필리핀에서는 시간을 잘 지키지 않습니다. 고무줄 시간이라고 할까, 늘 늦는 스타일입니다. 아침에 회의 등으로 바쁠 것 같아 10시 30분 정도로 조정하여 갔지요. 직원을 찾았더니 문화관광국으로 인도했습니다. 거기가 공원이나 해변, 소속 건물 등을 관리하는 부서이죠. 사무실에 들어가 국장을 만났습니다.

국장이 말했습니다. "노숙자 돌봄에 감사드립니다. 마닐라 베이가 관광 장소인데 관리에 어려움이 많습니다. 그중에 노숙자들이 모여들어 더러워지고 사고가 발생하기도 하니 시장님께서 예배 장소를 적정한 자리로 옮겨 주라고 하셨습니다." 그리고 직원이 두 곳을 소개하겠으니 선택하라고 했습니다. 저는 바라던 바라고 하며 감사를 드렸습니다. 대화를 마치고 직원과 같이 나왔습니다.

시청 바로 옆에 작은 공원이 있습니다. 보니파시오 슈라인(Bonifacio Shrine)이라고 이 나라의 성지입니다. 동상과 조각품, 역사적 건물이 있고 작은 운동장도 있습니다. 우리나라로 보면 삼일공원 같은 곳입니다. 예배 장소로 적합했습니다. 바로 옆에 마닐라 에스엠 백화점(SM mall)이 있고 지상 전철도 지나가고 교통의 요지라 모든 여건이 좋았습니다.

이곳과 길 건너 중앙 우체국 분수대 앞, 둘 중에서 선택하라고 했습니다. 저는 즉시 이곳 보니파시오 슈라인을 택하였습니다. 너무나 기뻤습니다. 할렐루야! 안정적으로 예배를 드릴 수 있게 되었기 때문입니다. 전기 상황을 물었더니 전기선이 있다고 하더군요. 필요한 설치를 부탁하고 일정까지 요구해 약속을 받았습니다.

바닷가에서 5년 어렵고 힘들었죠. 하나님께 구하고 의탁하였더니 말씀대로 예비하셔서 때가 되어 문을 열어 주신 것입니다. 하나님의 놀라운 은혜요 역사입니다. 예배 단상이 될 계단에 앉자 저도 모르게 눈물이 흘렀습니다. 가슴이 뜨겁고 북받쳐 견딜 수 없었습니다.

C. 후원자들

마닐라 해변의 사역에서 돕는 분이 있었습니다. 의료 봉사에 치과 의사 한 원장님이 있었고 물질 후원에 기도 요청을 한 여집사님이 있었고, 한국인 사업가가 있었습니다. 이들은 오래 일정한 금액으로 선교회의 봉사에 도움을 주셨습니다. 간간이 찾아와 도와준 필리핀의 유명 여가수도 있었답니다.

1. 저분이 누구지

바닷가 노숙자 집회에는 봉사자들을 제외한 모든 성도가 필리핀 노숙자들입니다. 어느 날 예배가 시작되었는데 단상 테이블 바로 앞에 어느 한국인이 앉아서 예배를 드리는 게 아닌가요? 의자라야 목욕탕의 구멍 뚫린 플라스틱 의자에 불과한데요. 거기에 쪼그리고 앉아 환하고 즐거운 모습으로 손을 흔들면서 찬양하더군요. 전혀 어색해하지도 않으셨죠. 너무 놀랐습니다. 아는 분도 아니고 온다는 소식도 들은 적이 없었기 때문이었죠. 참 별난 분으로 대단해 보였습니다.

예배를 마치고 음식을 나누는데 그분은 줄을 선 성도를 안내하기도 했습니다. 나눔을 마치고 가서 신원을 물었더니 무슨 치과의 원장이라고 했습니다. 별다른 말은 하지 않고 다음 주일에 오겠다고 하고 떠났습니다.

주일이 되자 다시 그분이 왔습니다. 타고 온 차에 익히 알고 있는 '한 치과'가 적혀 있었습니다. 예배와 나눔을 마친 후에 이야기를 나누었습니다. 가벼운 말로 치과 의료 봉사를 요청했더니 원장님은 흔쾌히 응했습니다. 그러고는 하나님께 헌금까지 드렸습니다.

그리하여 매 주일 치과 의료 봉사가 생겼습니다. 치아를 검사하려는 성도들로 긴 줄을 이루었습니다. 더 놀라운 일은 그분이 우리 노숙자 예배를 정기적으로 참석하게 된 것입니다. 오랫동안 한인 교회를 섬겼는데 어려움이 많았고 교회가 분리되는 아픔을 겪자 교회 출석을 중단하고 있었답니다.

저는 이런 일이 사람이 아니라 하나님의 인도로 되었다고 믿습니다. 하나님께 영광을 돌립니다.

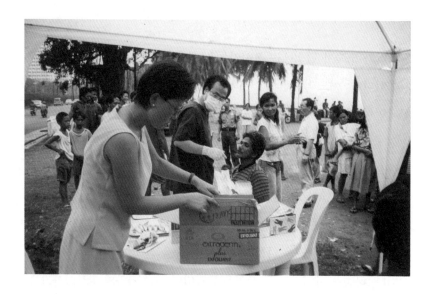

2. 나누려면 돈과 물질이 필요한데

나누고 도우려면 돈과 물질이 있어야 함은 당연한 일이죠. 문제는 어떻게 마련하느냐는 것이 아니겠습니까? 무슨 일을 시작할 때 우선 하나님께 구해야 합니다. 그리고 하나님의 역사를 보려면 말씀을 의지하고 행동해야 하죠. 가진 것으로 하는 것이 아니라 할 수 있다는 믿음과 행동으로 옮겨야 한다는 말이죠.

그래서 아침 금식을 하기로 했습니다. 금식이라기보다 굶식이었죠. 매일 아침을 먹지 않겠다고 결심하고 바로 시작했습니다. 식비와 이것저것 비용을 줄이면 50페소를 장만할 수 있다는 계산이 나왔습니다. 당시 50페소로 빵 35개를 살 수 있었습니다. 그것을 사서 거리를 돌며 나누어 주기 시작했습니다. 믿음 뒤에 행함이 따라야 한답니다.

그러던 중에 딸아이가 대학을 졸업하고 선교를 돕기 위해 임시 직장을 구했습니다. 그 급여로 최소의 생활을 하고 밥상 나눔을 시도했습니다. 그 일로 딸애는 졸업 후 귀국하려던 계획을 포기하고 계속 근무하며 선교회를 도왔습니다. 그의 수입만으로 여의치 않아 아내에게 도움을 자주 요청했었죠. 아내는 한국에 남아 일을 하며 생계를 꾸리고 있었습니다.

제가 구제 사역을 믿음으로 시행하는 것을 하나님께서 보시고 한 여집사님을 예비하셨습니다. 그분이 기도를 부탁하고 수년간 매월 일정한 금액을 봉헌해 주셨습니다.

아내가 송금한 것을 받을 때 사설 금융을 이용했는데 그 근처 환전소가 있었습니다. 두세 번 거래하면서 그 집사님을 알게 되었습니다. 그분은 친절하고 예의 있게 저를 대해 주었습니다. 어느 교회에서 목회하느냐고 묻기에 마닐라 바닷가에서 노숙자를 위한 선교를 한다고 했죠.

그런 후 얼마 지나서 송금을 찾으러 갔더니 그 집사님이 아들과 딸을 위해 각각 일천일 기도해 달라고 부탁하더군요. 깜짝 놀랐습니다. 어떻게 부족한 목사에게 이런 기도를 요청하느냐고 했더니 얼마나 부탁하던지, 거절할 수가 없었습니다. 다음 날부터 시작하겠다고 했더니 은행 계좌를 알려 달라 하였습니다. 거절하였으나 기도 헌금이니 받으라고 하기에 더 이상 대꾸하지 못했습니다.

한 달이 되자 1만 페소를 봉헌하였고 매달 천일에 해당하는 기간 동안 보냈습니다. 당시 1만 페소는 큰 금액이었습니다. 그 귀한 헌금이 예배와 밥상 나눔에 큰 힘이 되었습니다.

일천일이 끝났을 때 다시 그분은 남편이 자기를 위해 일천일 기도를 요청한다고 했습니다. 이번에는 매월 5천 페소씩 하였습니다. 이렇게 일천일, 약 3년 동안 봉헌이 또 시작되었습니다.

그러자 성도가 많아졌습니다. 그와 함께 더불어 재정의 부담도 많아졌지만 이럭저럭 잘 이어 갈 수 있었답니다. 말할 수 없는 하나님의 비밀이요 역사였습니다.

3. 계속되는 기적들

기적은 하나님께서 하시는 일입니다. 마닐라 바닷가에서 시작된 노숙자들을 위한 예배와 밥상 나눔에서 하나님께서 이런저런 기적을 일으키셨습니다.

어느 날 한인 한 분이 집회 후에 오셔서 명함을 주면서 사업하시는 장로인데 그가 만나 보자고 한다고 했습니다. 마닐라 시청 쪽의 인트라무로스(Intramuros)라는 곳에서 사업을 한다고 하더군요. 명함을 보니 무슨 그룹 아무개 회장이라 적혀 있었습니다.

다음 날 회사로 찾아가 만났습니다. 장로께서 우리의 노숙자 섬김을 칭찬을 하고 감사한 일이라고 했습니다. 그도 전에 노숙자들에게 많은 관심을 가졌고 섬기려고 장소와 건물을 얻어 볼 생각을 가졌다고 했습니다. 그러나 자신은 목회자가 아니라 노숙자를 섬길 엄두가 나지 않아 그만두었답니다. 그러다가 바닷가에서 노숙자를 섬기는 선교회가 생겼고 한국 목사가 사역을 한다는 말을 듣고 하도 반가워 만나 보자고 했다는 것입니다. 이런저런 이야기를 나누고 식사도 같이 했죠. 이분이 앞에 마닐라 베이의 청소를 할 때 주도하신 분으로 유니그룹의 회장입니다.

2-3개월이 지나서 회사에서 열리는 그의 생일 파티에 초대 받았습니다. 여러 사람들에게 저를 소개하면서 노숙자 선교를 위해 매월 1만 페소씩 헌금하겠다고 발표하였습니다. 고맙게도 그 봉헌은 제가 75세 은퇴할 때까지 계속되었습니다. 참으로 놀라운 일이었죠. 하나님의 도우심입니다. 저에게는 기적 같은 일이었습니다.

4. 필리핀의 유명 가수가 마닐라 바닷가에

'즐거운 교회·돕는 선교단'을 설립하고 바닷가에서 예배와 밥상 나누기를 시작한 지 4년째 되던 어느 날이었습니다. 예배 중에 뒤에서 6-7명의 필리핀 여자들이 서 있다가 밥상을 나누기까지 계속 바라보고 있더군요. 우리 노숙자 성도가 그들을 알아보고 웅성거렸습니다. 햄버거를 받기보다 그들을 쳐다보며 외쳤습니다. "쿠 레디스마!" 점점 더 소란스러워지더니 잠시 질서가 엉망이 되었습니다.

나눔이 끝나자 어느 분이 그녀를 소개하는데 필리핀에서 유명한 가수

쿠 레디스마(Kuh Ledesma)라고 했습니다. 한국으로 치면 이미자 가수 격이죠. 저도 선교단을 소개하고 인사를 나누었죠. 아주 좋은 선교라고 칭찬하며 감사했습니다. 도로(Roax Blvd Bay)를 달리다가 사람들이 모여 있기에 무엇인가 보고 싶어서 내렸다고 했습니다. 그리고 기념사진을 찍고 언제 다시 오겠다고 하며 떠났습니다.

한두 달이 지나자 그들이 찾아왔습니다. 이번엔 샌드위치 309개와 음료수를 가져왔습니다. 광고 시간에 소개를 하고 한 곡을 신청했더니 복음송을 불렀습니다. 성도들은 예전보다 더 난리를 쳤습니다. 재창을 요청하니 필리핀 민요를 불렀습니다. 도떼기시장 같았습니다.

그분이 축복의 샌드위치와 음료를 주었다고 공포하니 환성을 질러 대더군요. "쿠 레디스마!" 연거푸 불러 대면서요.

예배 후 그것을 햄버거와 같이 나누니 너무 기쁘고 행복했습니다. 쿠 레디스마는 헌금도 드렸습니다. 이후 예배 처소를 시청 공원(보니파시오 슈라인)으로 옮긴 뒤에도 몇 차례 더 방문했습니다. 2009년인가, 어느 주일에는 성경 500권을 가지고 와서 성도들에게 나누어 주기도 했습니다. 참 감사한 일이었습니다.

이 일을 누가 하였을까요? 사람이 초청해서 왔을까요? 하나님께서 예비하신 비밀스러운 역사이지요. 하나님께서 그녀의 눈을 열어 보게 하고 마음을 감동시키고 발걸음을 옮겨 주신 것입니다. 모든 것이 하나님께서 하신 일이었죠.

D. 주님만 의지

비가 주룩주룩 내려도 하나님을 의지하고 예배를 준비하고 드렸습니다. 매주 예배와 나눔의 일을 한 번도 그치지 않았습니다. 평일에는 거리를 다니며 빵을 나누어 주었죠. 비참하게 악령에 들린 자를 주님의 이름을 쫓아내기도 했습니다. 그들이 속옷을 입지 않은 것을 알고 팬티를 장만해 나누었죠. 자전거를 동역자 삼아 거리를 누비며 노숙자들에게 빵을 나누어 주고 보살폈죠. 비가 오고 바람이 불어 넘어지고 다치기도 많이 했습니다.

1. 아무리 비가 내려도

바닷가에서 예배를 시작한 처음 맞는 주일 아침을 돌이켜 봅니다. 주로 비가 오면 적게 내리기도 하고 많이 오기도 하는데 이날은 내리다 그치기를 반복했습니다. 필리핀 사람들은 비를 우리와 다르게 생각합니다. 비가 내리면 추워하고 감기 걸린다고 생각합니다. 이것이 그들의 통념이랍니다.

그날은 비로 인해 어찌해야 할지 망설였습니다. 오늘은 예배드리기가 어렵겠다고 여기고 잠시 묵상 기도를 하는데 예배를 드릴 수 있다는 감동이 들었습니다. 생각을 바꾸고 아들을 먼저 현장에 보내 점검하게 했죠. 물이 차서 어렵겠다고, 아무도 없다는 연락이 왔습니다. 잠시 기다리라고 하고 다시 기도했더니 가라는 감동이 왔습니다.

그래서 예배를 드리겠다는 마음으로 차를 가진 봉사자와 같이 현장으로 갔습니다. 차에서 내리자 비가 그치기 시작하더군요. 같이 갔던 여집사님이 말했습니다. "목사님이 오시니 비가 그치네요." 저도 맞장구치며 좋아했습니다. 그러나 현장은 곳곳에 빗물이 고여 있었고 질퍽질퍽했습니다. 더구나 개나 고양이 한 마리 없었습니다.

그래도 하나씩 하나씩 예배 준비를 했죠. 예배 시간이 되자 비가 다시 내리기 시작했습니다. 저는 마이크를 비닐봉지에 싸고 크게 찬송하고 기도하며 비가 그치기를 명하기도 하였습니다. 빗줄기가 약해지고 놀랍게도 한 사람 두 사람 모이기 시작했습니다.

그리하여 예배를 드렸습니다. 어쩐 일인지 해변을 따라 놓인 대로(Roax Blvd Bay)의 건너 쪽에서 사람들이 중앙 분리대를 넘어 모여들었습니다. 놀랍게도 당시 이곳에서 예배를 드린 이래로 가장 많이 모였지 뭡니까? 250여 명이었습니다.

이 일 또한 하나님의 인도와 역사였습니다. 말씀을 의지하여 기도하고 행하는 자에게 하나님께서 함께 하심을 체험하였습니다. 말씀을 더욱 믿게 되었답니다. 그 후로부터 오늘까지 어떤 비가 내리더라도 피하거나 중단하지 않고 예배를 드렸답니다. 한 번도 비 때문에 예배를 변경하거나 멈추지 않았습니다. 걱정해 본 적도 없었습니다.

2. 예수 그리스도의 이름으로 악한 영이

저는 악한 영, 사탄, 마귀, 귀신에 대해 지식으로는 알고 있으나 솔직히 잘 모릅니다. 영적인 체험을 하지 않고는 안다고 할 수 없기 때문이지요.

일반인이나 그리스도인이나 무슨 이상한 일이 있으면 귀신이 들어서 그렇다고 하지요. 이상하게 육체가 변하거나 안 좋은 일이 일어나면 그렇게 말합니다. 무슨 귀신, 어떤 귀신하면서 안 좋은 일에 붙여서 말하죠. 다 막연한 이야기에 불과합니다. 지식으로 악한 영들을 알고 있으나 체험을 하지 않고서는 안다고 할 수 없습니다.

악한 영들 가운데 귀신이라는 존재가 있는데 주로 추하고 더러운 일들을 일으키고 사람을 무너지게 하는 일을 합니다. 제가 겪은 일을 하나 소개하겠습니다.

거리 전도를 할 때입니다. 저는 가능하면 매일 혹은 이틀마다 빵을 준비해 가지고 거리를 돌면서 나누어 줍니다. 바닷가에서 더 많이 나누어 주죠. 걸인들이 많기 때문입니다.

한 거리에 남자인지 여자인지도 모를 사람이 매일 똑같은 자리에서 머리를 숙이고 있었습니다. 어떤 사람인지를 도무지 알 수 없었죠. 그에게는 빵을 받으라고 해도 아무런 반응이 없더라고요. 그 앞에 놓고 갈 뿐입니다. 다른 노숙자가 와서 가져간다 해도 어쩔 수 없죠.

그곳으로 갈 때면 빠트리지 않고 빵을 그 앞에 놓고 지나갔습니다. 행여 그가 누구인지 알까 하여 근처의 노숙자들에게 물어보았으나 아무도 모른답니다. 가끔 그 자리를 잠시 떠났다가 돌아와서 똑같은 자세로 있어서 얼굴조차 모른다는 것입니다. 거의 보이지 않을 정도로 긴 머리카

락이 얼굴을 가렸기 때문이었습니다.

어느 날 그에게 가서 빵을 놓으려 하는데 갑자기 성경에 귀신, 귀신 들린 자라는 말씀이 떠올랐습니다. 주님께서 가르쳐 주신 대로 예수 그리스도의 이름으로 명하고 싶었습니다. 누구든지 믿는 자는 예수의 이름으로 귀신을 쫓아냈다고 하셨죠.

담대해져 저도 모르게 큰 소리로 명령했습니다. "내가 예수 그리스도의 이름으로 명하노니 귀신아, 떠나가라! 귀신아, 떠나가라!" 이게 웬일입니까? 그 사람이 벌떡 뒤로 젖혀지더니 옆으로 쓰러졌습니다.

솔직히 저도 놀랐고 무서웠습니다. 엉겁결에 보니 여자였습니다. 여전히 얼굴은 볼 수 없었죠. 저는 무서워져 도망가다시피 자전거 페달을 밟았습니다. 걸음아 날 살려라 하며. 한두 시간이 지나자 그곳에 가 보고 싶더군요. 그녀는 그 자리에 없었습니다. 주위의 노숙자들도 어디로 갔는지 모른답니다. 주님의 말씀대로 명하였더니 귀신이 떠나갔던 것입니다.

그 사건으로 인해 축사(逐邪)의 말씀에 확신이 섰습니다. 그 후부터 사역 중에 감동이 올 때는 나사렛 예수의 이름으로 강하고 담대하게 귀신에게 떠나라고 명령하고 말씀을 선포합니다. 권세와 능력의 이름, 예수! 주님을 찬양합니다.

3. 별난 목사님

그 사건 후에 노숙자들 거의가 팬티(속옷)를 입지 않았다는 것을 알게 되었습니다. 전에는 미처 몰랐죠. 이런 형편이 안타까워 잊히지 않았습니다. 남녀 불문하고 노숙자 성도에게 팬티를 마련해 주고 싶었습니다.

마닐라에 있는 재래 도매 시장인 디비소리아로 갔습니다. 중국에서 수입하여 파는 도매상에 가 보니 갖가지 디자인으로 된 제품들이 많았습니다. 한 묶음(12개)으로 파는데 값이 각각 달랐습니다. 허락된 예산 안에서 대/중/소를 골라 남녀용 도합 300개를 샀죠. 무거울 것 같아서 노숙자 중에서 예배 봉사자 두 명을 데리고 갔습니다. 지프니를 타서 싣고 왔는데 얼마나 기쁘고 즐거웠던지!

주일에 예배를 마치고 햄버거와 주스를 나누어 줄 때 같이 주었더니 모두 낄낄 웃으며 좋아했습니다. 즐겁고 행복한 모습이었죠. 우리 봉사자도 모두 활짝 웃으며 흐뭇해하였습니다. 아내도 웃음을 지으면서 별난 목사라 하니 봉사자들도 모두 깔깔 웃어 댔습니다(그때 아내가 잠시 마닐라에 와 있었습니다). 모두 별나다고 생각했을 것입니다.

어찌 제가 이런 일을 할 수 있겠습니까? 생각으로 지식으로 될 일이 아닙니다. 오직 하나님께서 깨닫게 하시고 행하게 하심입니다. 늘 하나님께 감사드립니다.

그 후로 가끔 신발이나 옷도 나누어 주었습니다. 그런데 안타까운 일도 있었습니다. 구제품을 사러 지프니를 타고 시장에 갔습니다. 도착해 보니 이게 웬일인가요? 주머니가 찢기고 지갑이 없어졌습니다. 황당했습니다. 소매치기를 당한 것이죠. 어처구니없어 아무것도 못 하고 허무하게 돌아왔답니다.

돌이켜 보니 웃음이 납니다. 그것은 하나님께서는 저를 훈련시키는 여러 일들 중에 하나였습니다. 더 온전케 하고 주님을 의지하도록 하신 일임을 차차 알게 되었습니다.

4. 나의 참 동역자 자전거

선교단을 세운 이래로 줄곧 노숙자들을 위해 주일 예배와 나눔으로 봉사해 왔습니다. 이런 노숙자 선교에 있어서 일반 봉사자를 제외하고 공식적인 동역자를 두지 않았습니다. 다만 봉사 차원에서 무임으로 섬겼던 협동 목사나 전도사가 있었을 뿐이었습니다. 형편상 유급 사역자를 둘 수 없었기 때문이었습니다. 몇몇 분들이 수고해 주셨습니다.

물론 저도 사례비 한 번 받지 않았습니다. 그럴 처지가 아니었습니다. 구제에 올인(all in) 했기 때문입니다. 생활은 하나님께서는 아내와 자녀 사 남매를 통하여 유지하게 해 주셨습니다. 한 사람, 한 사람을 예비하여 지원하게도 하셨지요. 제게 동역자라면 자전거가 있습니다. 바닷가 사역을 하기 전부터 자전거를 타고 거리를 다니면서 빵을 나누기 시작했죠.

처음에는 걸어서 혼자 또는 봉사자들과 같이 하였습니다. 빵이 많아지자 가지고 다니기가 어려웠습니다. 그래서 큰맘 먹고 값싼 자전거를 한 대 샀습니다. 두꺼운 가방 네 개를 마련하여 빵 50개씩 담고 핸들 양쪽에 두 개씩 끼워 넣었습니다. 그렇게 하니 혼자 나가 나누어 줄 수 있었죠.

그러나 쉽지는 않았습니다. 무게가 있다 보니 핸들이 한쪽으로 치우쳐 넘어지는 일이 허다했죠. 다리, 손, 심할 때는 얼굴을 다치는 일도 있었습니다. 비가 올 때는 미끄러지고 뚜껑 없는 히수구에 빠지기도 했답니다. 여러 곳을 다치고 안경이 부러지는 일이 다반사였습니다. 이런 상처는 상급의 표시라고 생각하고 자랑하기도 한답니다.

또 자전거를 도둑맞기도 했습니다. 은퇴까지 아홉 번 잃어버리고 다시 샀습니다. 자전거는 별의별 일이 있었던 저의 선교 사역의 동역자요 좋은 친구였습니다.

4장

보니파시오 슈라인 사역

A. 예배와 햄버거

하나님의 은혜로 예배 장소를 시청 공원인 보니파시오 슈라인으로 옮겨 고정적으로 드릴 수 있게 되었습니다. 장소가 안정되자 예배 시설의 규모가 커지고 나누는 밥상도 확대되었습니다. 햄버거가 200개에서 500개로, 그리고 두 배로 늘려 1000개가 되었답니다. 처음에는 맥도날드 회사에서 사다가 일반 제빵 공장으로 옮겨 빵을 마련하였습니다. 빵을 굽는 봉사자는 여러 곳에서 와서 돕습니다. 특히 마닐라 베이에서는 봉사하던 아름다운 두 동서 여인이 기억에 남습니다. 이곳으로 예배처를 옮긴 후로 노숙성도의 생일을 축하하고 비누를 선물로 주었습니다. 작지만 이것도 큰 기쁨이었습니다.

1. 보니파시오 슈라인에서 첫 예배

마닐라 시장의 특별한 배려로 좋은 곳에서 섬기게 되었습니다. 시청 옆의 공원인 보니파시오 슈라인(Bonifacio Shrine)에서 예배와 나눔을 하게 되었답니다. 감히 생각지도 못한 일이었죠. 이는 하나님께서 하신 역사였습니다. 첫 예배를 드리니 얼마나 기쁘고 감격스러운지요.

늘 고백하던 바대로 하나님의 일은 말씀에 의지하고 기도하고 해야죠. 인간의 지식이나 경험이 아니라 오직 함께 하시는 성령님의 능력으로 할 수 있답니다.

바닷가에서 모일 때 수많은 핍박과 고난을 받았지만 하나님만 의지했죠. 사람들은 시청으로 가서 부탁하라고 했으나 저는 때를 기다렸습니다. 그건 오직 하나님께 구하고 의탁해야 할 일이지 사람에게 구하고 부탁할 일이 아니라고 여겼기 때문이었습니다.

때가 되자 하나님께서 일하셨고 길을 열어 주셨습니다. 마침내 하나님의 영광을 영으로 보았고, 은밀히 예비하신 것을 눈으로 보았죠. 그래서 그 일로 선교하는 중에 기쁘고 즐거웠으며 힘이 불끈 솟았습니다. 첫 예배이니 노숙자 성도들이 평소보다 많이 왔습니다. 그들이 기뻐하는 모습은 장관이었습니다.

새로운 곳으로 옮기니 모임의 규모가 거저서 단상, 햄버거 밥상 기구, 천막, 음향 기기 등의 시설을 바꾸어야 했습니다. 아직 여러 가지 사정으로 그럴 수 없어서 기도를 계속하기로 했습니다.

먼저 준비해야 할 성물은 햄버거를 굽는 철판이었습니다. 성도가 늘어나면서 우선 500개를 만들어야 했습니다. 예배와 더불어 밥상이 중요하기에 어떻게 해서라도 200개에서 500개로 늘려야 했습니다. 봉사자도 16명 정도 있어야 했습니다. 모든 섬김에 필요한 예산은 어떻게 하나요? 여전히 하나님께 구하고 의탁하지요.

구제 선교를 하라는 하나님의 명령과 그 해결책으로 욥5:8 말씀을 붙잡고 지키기로 약속했지요. 철저히 지키기 위해 결코 어느 교회나 누구에게 한 번도 구한 일이 없었습니다. 하나님과 약속이기에 어떠한 경우에도 철저히 지켰죠. 가진 것이 없고 보이는 것이 없어도 좌우로 치우치지 않고 하나님의 인도만 따라갔습니다. 그랬더니 하나님께서 사람이나 환경이나 사건을 통해서 때에 맞게 역사하셨습니다. 늘 하나님께 감사하며 찬송합니다.

날이 가고 성도가 500명을 넘어설 때 햄버거를 하나씩 더 주었습니다. 1000개를 만들어야 했지만 나눔이 풍성하니 더욱 신이 났습니다.

2. 밥상, 햄버거 만들기

마닐라 베이에서 햄버거를 200개쯤 만들다가 시청 공원, 보니파시오로 옮겨 500개로 늘렸습니다. 하나씩 더 주기로 했더니 1000개를 만들어야 했죠. 햄버거 만드는 것이 큰일인데 여러 교회와 단체에서 온 사람들이 봉사했습니다. 다 만드는 데 2-3시간이 걸렸습니다.

그 늘려 가는 과정도 쉽지 않았습니다. 자세한 이야기는 다음과 같습니다. 처음에는 빵을 슈퍼에서 샀는데 비싸고 필요한 양을 구입하기가 어려웠습니다. 맥도날도에 공급되는 빵 공장을 찾아가서 문의했더니 개인에게는 판매하지 않는다더군요. 예외로 약간 흠이 있는 2등급은 소비자에게 판매한답니다.

육안으로는 구분할 수 없는 정도여서 괜찮았지만 충분한 양을 살 수 없

_____ 필리핀의 노숙자 선교사

다는 것이 문제였습니다. 500개 정도만 구입할 수 있답니다. 이것도 미리 주문해야 하고 수량은 당일에 맞추어야 했습니다. 가끔 미치지 못한 경우도 있었고 구입하더라도 운반은 우리가 해야 합니다. 당시 우리 선교단에서는 차량이 없었기에 공장으로 택시를 불러들여야 했죠. 빵을 공장 앞에 내려놓고 큰 길거리로 나가 택시를 불러와 싣고 선교단 창고로 가져왔습니다. 빵이 500개가 되지 않을 때면 여기저기 다른 가게로 가서 구입해야 했습니다.

이렇게 어려움이 몇 개월 계속되었습니다. 빵을 500개에서 1000개로 늘리려고 했을 때에는 일반 제빵 회사를 찾아가야 했습니다. 빵 포장지에 기록된 회사로 연락했더니 화교(華僑) 사장이었습니다. 마닐라에는 화교들이 많이 거주하고 장사를 하고 있답니다. 그 사장이 공장에서 집으로 간다기에 찾아가 의논하였죠. 어, 그런데 웬일인가요? 공장이 예배 처소에 가까운 끼아뽀(Quiapo)에 있었습니다. 더구나 할인해 주고 주일 아침에 예배 처소에 직접 배달도 해 준다는 것 아닙니까?

그리하여 1000개를 구입할 수 있었죠. 할렐루야! 여호와이레! 예비하시는 하나님께서 길을 열어 주셨습니다. 드디어 한 사람에게 두 개씩 나눌 수 있게 되었답니다.

3. 그림 같은 마닐라 베이의 두 여인

우리의 나눔 선교는 마닐라 바닷가에서 밥으로 시작했습니다. 성도가 늘어 가자 감당할 수가 없어서 햄버거로 바꾸었지요. 맥도날드 햄버거 집에서 소년을 만난 사건으로 시작된 나눔이 밥을 거쳐 햄버거가 되었습니다. 참 묘한 일인데요. 이것은 사람이 만든 일이 아니라 하나님께서 주도하신 것이라 생각합니다.

그래서 햄버거 200개 정도 만들었습니다. 주로 우리 한인 학생 봉사자들이 만들었는데 간혹 방문하시는 한인들이 도와주었습니다. 어느 날인가 한인 여인 두 분이 오셔서 햄버거를 만드셨습니다. 나눔이 끝나고 감사 인사를 드렸습니다. 이 두 분이 그날 후로 매주 오셔서 봉사하셨습니다.

"어찌 이렇게 매주 같이 오시는지요? 둘은 서로 친구인가 자매인가요?" 물었습니다. 동서 간이라 하더군요. 동서라 하면 그분의 남편이 형제간이란 말이지요. 그냥 자매라 해도 과언이 아니었습니다. 두 분의 용모가 예쁘고 자태가 단정하고 우아했습니다.

신앙의 여종으로서 귀한 봉사를 하니 얼마나 고귀하고 아름답게 보이는지요? 같이 햄버거를 굽는 모습이 한 폭의 그림처럼 보였습니다. 멀리 이국에 와서 동행하며 성소에서 한마음으로 섬기니 얼마나 고마운지요.

그런 후 이곳 어느 지역에서 그들은 일식당을 개업하였습니다. 멋진 모습의 맛있는 식당으로 서울에 있는 일식당과 다를 바 없었습니다. 그런데 어찌 된 일인지 얼마 지나지 않아 건물이 헐려서 많은 손실을 입었습니다. 그러나 두 남편이 다른 사업을 하면서 어려움을 극복하고 하나님의 도움으로 창대하게 되었습니다. 잃었던 것을 모두 회복할 수 있었답니다.

하나님께서는 귀한 믿음으로 헌신한 자녀들을 고난으로 연단하셨습니다. 강한 그릇으로 만들고 약속하신 큰 복을 주셨습니다. 이러한 일을 눈으로 보고 귀로 들었습니다. 흘러가는 일을 잘 이해할 수는 없지만 이것도 하나님께서 하신 일이라 하겠습니다.

4. 노숙자 섬김에 무엇을 해야 하나

　새로 옮긴 시청 공원(Bonifacio Shrine)에서 예배를 드리기 시작하면서 어떤 것을 더 섬길까 하고 하나님께 기도하기 시작했습니다. 우리 노숙자 성도의 생일은 누가 축하해 줄까? 축하해 주는 이도 있겠으나 없는 자가 대부분이니 우리가 축하해 주자는 생각이 들었습니다.

　예배 중에 순서를 정하여 주중에 생일이 지난 성도를 불러 앞에 세웠습니다. 생일 축하의 노래를 같이 부르고 간단한 선물을 주었습니다. 참으로 기쁘고 흐뭇했습니다.

　우스운 일도 있었습니다. 생일을 확인하는데 무슨 서류를 내는 것도 아니고 신분증 확인도 않고 나오라고 하죠. 대부분은 자기 생일에 맞게 나오는데 지난주에 나왔던 자들 몇몇이 나오는 게 아닌가요? 그러면 앉아 있는 성도들, 서로 친하게 지내는 자들이 큰 소리로 웃어 댑니다. 아니라는 것이죠. 가짜 생일이라는 것입니다.

그럴 때면 웃으며 노 굿(no good)이라면서 뒤돌려보내지요. 그러면 그들도 낄낄거리며 자리로 들어갑니다. 그다음부터는 앞으로 나온 사람을 한 명씩 확인합니다. 대부분이 신분증이 없습니다. 그래서 제가 손을 들면서 성도들에게 "이 사람 생일 맞아요?" 하고 묻죠. "따마(맞습니다)." 하면 지나가고 "노(No)." 하면 웃으면서 "노 굿(no good)."이라 하며 돌려보내지요.

그런 후에 다 같이 생일 축하 노래를 반주에 맞춰 기쁘게 부른답니다. 생일 선물은 아주 작지만 그들에게 긴요한 세면 비누입니다. 간단한 일이나 그들에게는 큰 기쁨이 된답니다. 이 일 역시 생각만은 하다가 하나님께서 감동을 주시므로 시행했죠. 얼마나 감사한지요?

B. 전도와 양육

평일에는 거의 매일 거리로 나가 빵을 나누어 줍니다. 별별 사람들이 있지만 불쌍히 여기고 나누어 주죠. 언제는 NGO에서 주관하는 청소년 교육에 참여하여 고등학생들에게 매주 설교하였습니다. 부족하지만 성령님의 감동과 인도를 힘입습니다.

어린이 예배를 따로 열고 그들 중에 학교를 다니지 않는 어린이들을 입학시키고 찬양 대원으로 가르쳤습니다. 그들이 성장함에 따라 말썽을 피우기도 했지만 고쳐 갔죠. 나중에는 몇 학생을 제가 사는 집에 머물게 하여 숙식을 제공하고 고등학교를 졸업시키고 대학에 진학하도록 했습니다.

1. 계속 거리에서 사랑을 나누며

'주일 예배와 밥상 나눔'은 공식입니다. 주일의 예배와 나눔뿐 아니라 삶 속에서 드릴 예배가 있으니 곧 거리 전도이죠. 생활 가운데 하는 봉사가 곧 살아 있는 제사요 영적 예배이기에 말씀에 의지하여 평일에도 노숙자들을 찾아가서 복음을 전하고 사랑을 나눕니다.

이런 섬김에 저에게 필요하고 절실한 동역자가 자전거라고 했죠. 선교단을 세운 후로 거의 매일 거리 전도와 나눔으로 섬겼답니다. 훗날엔 여러 가지 사정으로 한 주에 두세 번으로 조정했습니다. 특별한 날-부활절, 성주간 3일, 추수감사절, 성탄절-에는 비가 내리더라도 개의치 않고 나가 빵을 나누어 주었습니다. 이런 날은 그들이 배를 채우기가 더 어렵죠.

거리 전도를 하던 중에 기억에 지워지지 않는 몇 가지 일이 있습니다. 한 번은 비가 엄청 많이 내렸는데요, 햄버거를 자전거 핸들 양쪽에 걸고 가는데 물이 도로를 넘치기에 가장자리로 피했습니다. 자전거가 물로 인해 잘 나가지 못하고 우물우물하고 있는데 좌측으로 달려가는 지프니와 부딪쳤습니다. 넘어져서 햄버거가 온통 쏟아져 버렸습니다. 어찌할 도리가 없었습니다. 겨우 일어나 자전거만 들고나왔죠. 그때 만일 지프니 쪽으로 넘어졌다면 아마 낙원으로 뿅 갔겠죠. 다행히 위험에서 살았습니다.

한번은 비를 맞으며 거리를 돌며 빵을 나누어 주었습니다. 노숙자들이 거의 건물 밑에 피해 있었고 저만 비에 젖었지요. 노숙자가 보이기에 자전거를 멈추고 서서 빵을 보이면서 받으라고 했더니 비가 온다고 오히려 가져오라는 것입니다. "오, 마이 갓(Oh- my God)!" 그냥 지나가고 싶었으나 불쌍한 자를 어찌하겠습니까? 핸들이 무거워 움직이기가 어려워 자전거를 세워 두고 가까이 가서 던져 주었죠.

한번은 아주 무더운 날이었습니다. 길가 잔디에 누워 있는 노숙자에게 빵을 받으라고 했더니 일어나지도 않고 손가락을 까닥하며 가져오라고 하는 겁니다. 접근하기도 어렵고 주기가 불편했지만 어쩝니까? '병자가 없으면 의원이 쓸모없다'는 말씀이 기억나고, '영적인 환자니 네가 가서 주라'는 생각이 들어 마음을 바꿉니다. 땀을 삐질삐질 흘리며 자전거를 받쳐 놓고 가져다가 주었습니다.

한때 세상에서 잘살던 저로서는 그렇게 할 수 없습니다. 그러나 말씀에 의지하여 한 발짝 옮깁니다. 성령께서 주장하시니 순종할 뿐입니다. 제가 할 수 없는 일을 하나님께서 하게 하시더군요. 순종하고 행동으로 옮길 때 무엇이든 할 수 있다는 것을 체험합니다.

_____ 필리핀의 노숙자 선교사

2. 얼마나 은혜로운지

어느 날 발리카탄(BALIKATAN)이란 단체의 의장인 루이 발바고(Loui Balbago)라는 분이 예배 처소로 찾아왔습니다. 예배와 나눔을 보시고 집회가 끝난 후 서로 인사하며 조이플 섬김에 대하여 이야기를 나누었습니다.

그 후로 그는 절기 예배에 방문하고 때때로 섬김의 은혜에 함께 했습니다. 이 NGO에서 주관하는 사업 중 마닐라에 있는 공립 고등학생들의 건전한 학교생활을 위한 활동이 있었습니다. 시청사회복지국, 경찰청 범죄예방과, 마약단속청 등 관련 기관이 연합하여 매주 학교를 방문하여 교육했습니다. 고학년(3-4학년)들을 상대로 서너 시간씩 매주 금요일마다 시행한답니다.

참고로 말씀드리면 필리핀의 중등학제는 6-4제입니다. 우리의 6-3-3제와 다릅니다. 즉 필리핀에서는 중학교가 없고 고등학교를 4년 다닌답니다. 그러니까 그들의 고등학교 고학년(3-4학년)이란 우리의 중3과 고1이 되는 것이죠.

아무튼 발리카탄 NGO에서 금요 학교 교육에 저를 초대했습니다. 교육시작 전의 행사에 매주 말씀을 전해 달라고 요청하면서요. 개회사, 국기에 대한 경례, 애국가를 부른 뒤 말씀 선포가 있답니다.

저는 실상 영어를 하거나 말씀을 선포하고 전하기에는 여전히 부족하다고 생각합니다. 늘 부족한 가운데서 함께 하시는 성령님을 믿고 의탁하며 묵상하고 기도함으로 조이플에서 섬겨 왔을 뿐입니다. 부담이 되기도 했으나 하나님의 말씀을 선포하고 구원자 예수 그리스도를 증거하는 일이었기에 응했습니다. 믿고 담대한 마음으로 해야겠다고 생각했습니다.

지프니를 타거나 때로는 어쩔 수 없어서 택시를 이용하며 왕래했습니다. 필리핀 문화 가운데 힘든 것은 시간을 지키지 않는 것입니다. 시간을 엄수하는 문화에 살아온 저로서는 참기 어렵죠. 그러나 어쩝니까? 적응해야죠. 이들이 시간을 정하나 그 시각은 시작하는 때가 아닙니다. 30분에서 1시간 지연하는 게 예사입니다.

행사가 시작이 되어 국가가 끝나고 사회자의 소개 후 단상에 나가서 말씀을 전하였습니다. 먼저 기도하고 나서 말씀을 전했죠. 마음을 강하고 담대하게 선포하다 보면 정해진 시간 30분이 금방 지나갑니다. 마치고 나면 얼마나 기쁘고 좋은지, 행복했습니다.

부족한 영어로 설교하지만 성령님께서 입술을 주장하시고 생각과 기억을 나게 하십니다. 제가 하려는 것보다 더 낫고 좋은 표현을 볼 때 기이할 때가 많습니다. 하나님의 말씀, 생명을 살리는 복음을 청소년들에게 전하고 나눔이 어찌나 좋았던지! 오늘도 그들의 얼굴과 모습이 생생하게 머리에서 맴돌고 있답니다.

그렇게 수년간 사역했는데 그 말씀의 능력이 듣는 학생이나 전하는 저에게 큰 복이 되었습니다. 이런 일을 어찌 제가 할 수 있었겠습니까? 하나님의 이끄심과 능력으로 하는 것이죠. 하나님께서는 하고자 하는 자들에 능력을 주십니다.

3. 노숙자 자녀들을 학생으로

　시청 공원 보니파시오로 옮긴 후 2년이 지나면서 어린이들을 별도로 예배드리게 했습니다. 지도 교사도 배치했어요. 본 예배가 다 끝나갈 무렵 모두 기쁜 찬양을 할 때는 모이도록 했죠. 찬양을 같이하고 축도로 예배를 마친 후 나눔에 참여하게 했습니다. 어른 예배를 마치고 이들도 햄버거를 받으러 줄을 선답니다.

　어느 날 줄을 서서 오는 아이들을 보면서 측은한 마음이 들었습니다. 이 애들에 대해서 물어보니 거의 학교에 다니지 않는다고 하더군요. 생활이 너무 어려워 학교에 보낼 수 없고 도리어 아이들이 가족을 위해 돈을 벌어야 한다는 거예요. 이 애들이 무슨 일을 해서 돈을 번다는 말입니까?

　쓰레기 뒤져 플라스틱, 유리병 등을 주워 모아 팔거나 지프니를 타려

　　　　　　　　　　　　　　　　　　　　　필리핀의 노숙자 선교사

는 승객들을 불러서 타게 하고 기사한테 동전 몇 페소를 받는다고 합니다. 더러 도적질과 소매치기 등 나쁜 일을 하는 애들도 있답니다. 이들은 등교가 아니라 부모들이 시키는 대로 돈을 벌어야 했습니다. 먹고살아야 하는 현실에 어떻게 학교를 보낸단 말입니까?

그들의 부모를 만나서 자녀들이 학교에 가서 공부해야 한다고 설득했습니다. 우리 선교단에서 입학시켜 주고 필요한 경비를 대 주겠다고 했죠. 처음엔 쉽게 받아들이지 않더니 애들이 학교 가고 싶다고 떼를 쓰니 허락을 하더군요.

이들을 찬양 대원으로 기르면서 공부를 시키려고 했습니다. 우선 찬양대에서 찬양을 배우게 했죠. 그리고 새 학년도가 시작하는 6월에 입학시키기 위해 필요한 것을 준비했습니다. 교복, 신발, 가방, 책, 학용품 등을 마련해 주었습니다. 수업료는 다행히 무료였습니다. 교통비와 점심값 등

주중 필요한 비용은 매주 예배를 마친 후에 축복하고 주었습니다.

한두 아이의 어머니가 학교를 중단시킨 일도 있었지만 나머지 애들은 잘 다니고 주일 예배와 찬양 교육에도 참석했습니다. 매년 새 학년도가 시작되는 6월 전에 교복부터 필요한 것 전부를 준비해서 주었습니다. 학교 다니는 모습이 어찌나 귀엽고 아름다웠는지요.

4. 찬양 대원이 되어 가면서

애들을 양육하면서 어려움이 많았습니다. 예상했던 일뿐 아니라 예상치 못했던 일도 있었습니다.

이들이 살아가는 모습은 불쌍하고 안타깝기 그지없습니다. 모든 노숙자들이 그렇듯이 거리나 공원에서 자고 일어납니다. 일어나면 용변을 보아야 하는데 화장실이 없으니 길거리나 공원에서 해결하고, 세수를 하려면 강가를 가거나 백화점 문이 열리면 그리로 갑니다. 배가 고프니 나가 구해야 하고 옷이 없으니 그냥 지냅니다. 입었는지 벗었는지 모를 지경이죠.

우리 조이플 교회에서 찬양대에게 두 벌씩 유니폼을 주는데 항상 더럽습니다. 이래저래 애써 마련해 주는데 금방 더러워지니 늘 마음이 불편했습니다.

어느 날인가 주일 예배를 준비하는데 한 찬양 대원이 왔습니다. 바지 뒤가 빨갛게 물들었음을 보았는데 바로 느낌에 생리로 보였습니다. 애가 부끄러워할 것 같아 불러 조용히 물어보았더니 자기도 몰랐다며 그런 것 같다고 했습니다. 아이를 데리고 가서 적절히 조치하였죠. 생리대가 없

었던 것입니다.

또 어느 주일에 예배 준비를 하는 중에 핸드폰에 문자가 왔습니다. 누가 임신을 했다는 말이었습니다. 생각조차 해 본 적이 없는 일이었죠. 너무 큰 충격을 받아 어쩔 줄을 몰랐습니다. 이제 겨우 열다섯 살인데 어찌 이런 일이… 우리로 치면 중학생 아닙니까? 비록 필리핀에서 고등학생이라지만, 이미 말씀드렸듯이 필리핀에는 중학교 과정이 없고 고등학교 4년을 다닙니다. 어쩔 수 없이 찬양 대원을 중단시키고 부모를 만나 이야기를 들어 보았습니다. 사고(Accident: 강간)를 당했다는 겁니다. 사람들이 말하기를 노숙자들에게는 가끔 있는 일이랍니다.

이 아이가 출산했습니다. 어느 장로님이 이 이야기를 듣고 안타까워 생활비로 얼마를 주었습니다. 그 후에 다시 찬양 대원으로 복귀시켜 가르쳐 보려 하였습니다. 그런데 또 충격적인 일이 발생했습니다. 아기의 아빠가 되는 자가 어떤 싸움에 휘말려 살해되었답니다. 어쨌거나 이 소녀를 고등학교까지 졸업은 시켰습니다.

그러나 어느 날부터 예배에 나오지 않았고 소식이 두절되었습니다. 다른 찬양 대원도 알 수 없다고 하였습니다. 안타까운 일이었습니다. 훗날 다시 하나님께 돌아오기를 빕니다.

5. 어린이 찬양 대원이 자라

찬양 대원으로 양육하던 어린이들은 어느덧 고등학교 2-3학년이 되었습니다. 저는 은퇴(75세) 2년 전에 찬양 대원 중 세 명을 선정하여 제가 살고 있는 집으로 초청하여 같이 생활을 하며 학교를 다니도록 하였습니다.

저는 혼자 오랫동안 살아왔기에 저는 저대로 식사를 하였고 애들은 생활비를 주어 집에서는 밥을 지어 먹고 학교에서는 구내식당에서 사 먹도록 했습니다. 그리고 학습에 필요한 비용과 일일 용돈을 따로 주었습니다. 그 비용이 적지 않았습니다.

노상이나 움막에서 살던 아이들이 콘도(아파트)에 와서 생활하다보니 생소했나 봅니다. 전기밥솥, 프라이팬, 냉장고, 세탁기 등 각종 가재도구를 사용해 본 적이 없어서 자주 고장을 내곤 했습니다. 어쩌겠습니까?

어느 날 애들한테 질문을 해 봤죠. "너희들이 이 집에 와서 살게 되니 무엇이 가장 좋아?" 셋 다 화장실에서 목욕하고 물을 마음껏 사용하는 것이라고 했습니다. 짐작한 대로였죠.

애들은 방, 화장실 등 청소를 하지 않았습니다. 그렇게 청소하라고 당부했는데도 잘 하지 않습니다. 그들이 왜 그러는지 답답했습니다. 아마

그들이 살아왔던 환경을 비쳐 볼 때 그럴 수도 있겠다고 여겨져 받아들이고 말았습니다. 그런 습관이 어릴 때부터 들었던 것이겠죠. 청소할 방도 없고 어떻게 해야 하는지도 몰랐으니 말이죠.

세 명은 각각 달랐습니다. 감사하며 열심히 공부하는 아이도 있었고 그렇지 못한 아이도 있었습니다. 날이 지나도 변화가 쉽지 않았습니다. 되는 대로 사는 것 같았습니다. 힘들고 실망스러웠으나 그들의 삶이 늘 그랬던 것 같습니다.

그렇게 어느덧 3년이 흘렀습니다. 한 아이가 낙제를 해서 재입학을 위해 따로 공부를 하는 과정에 있습니다. 남자를 사귀고 학교생활을 제대로 하지 않았기 때문이죠. 거짓말을 하고 저를 속였습니다.

은퇴하고도 개인으로서 노숙자 섬김을 이어 갔습니다. 그러면서 계속 이 아이들을 양육하며 고등학교를 졸업시켰습니다. 그러다가 여러 사정으로 숙식하며 양육하는 일을 마쳤습니다. 두 아이가 대학에 입학하였습니다. 한 아이는 회계학을 공부하는데 성적이 좋아 학비를 면제받고, 다른 아이는 간호학을 공부하는데 사정이 어려워 잠시 휴학 중에 있답니다.

이렇게 3년간 공동생활을 하면서 양육하는 일도 하나님께서 예비하신 자들의 협력으로 하였습니다. 이들을 양육하고 제자로 삼는 사역이 중단된 것이 안타깝습니다. 우리 선교단이 다시 일어나 이런 노숙자 어린이들을 양육하고 교육하기를 바라며 기도합니다.

C. 다양한 섬김

사역 7주년에 성대한 감사의 예배를 드렸습니다. 조이플의 봉사로 이발 봉사가 있습니다. 노숙인의 절은 머리를 예배 시간에 한 귀퉁이에서 깎아 줍니다. 걸인이 마냥 빌어먹는 것이 안타까워 몇 명을 직업 위탁 교육을 시키기도 하고, 또 몇을 뽑아 장사 밑천을 대 주고 좌판 판매를 시켰습니다. 그러나 애석하게도 성과가 없었습니다.

노숙자들은 제대로 먹지 못해 아기의 젖이 부실합니다. 그래서 분유를 매주 한 통씩 제공했습니다. 노인들에게 약간의 생활비도 보조했죠. 아무리 가난해도 헌금을 하도록 교육하고 봉헌함을 만들었습니다.

어느 날은 필리핀의 의사가 방문하여 선교 현장을 보고 매주 찾아와 무료 진료를 하고 약까지 주었습니다. 감사한 일입니다.

1. 7주년 기념 행사는 큰 기쁨이었다

2005년 6월 둘째 주일은 우리 선교단이 공식적으로 설립된 7주년이었습니다. 마닐라 베이와 시청 공원(Bonifacio Shrine)에서 예배와 나눔을 시작한 지 7년이 되는 날이었죠.

하나님의 은혜와 도움으로 여기까지 왔음을 감사드리며 '에벤에셀의 하나님'이라 고백하였습니다. 하나님께 감사하며 축하하려고 기념 행사를 준비했습니다.

특별히 한인 교회와 필리핀 교회의 찬양대를 초청하고 우리 선교단(Joyful Church, Helping Mission)을 사랑하는 가수와 또 몇 분들을 초청했습니다. 성도와 참여하는 분들에 대해 기념품도 준비했죠. 단지 예수 그리스도의 이름으로 초청했는데 수많은 사람들이 참여하였고 마련한 선물도 넘치도록 풍성했습니다.

기념 행사가 무려 5시간이 걸렸는데도 모두 기뻐하고 즐거워했습니다. 찬양과 율동 여러 달란트의 축제였습니다. 유명가수(Kuh Ledesma)의 노래에는 열광의 도가니가 되었습니다. 저는 이 행사를 진행하면서 얼마나 큰 은혜인가 생각하며 감격했습니다. 얼마나 풍성하고 성대했는지요? 부족한 저로서 영광이었죠. 제가 무슨 지식이나 경험, 또 능력이 있었겠습니까?

하나님께서 감동을 주시고 친히 선교의 문을 열어 주셨다고, 하나님의 인도와 예비하심으로 사역할 수 있었다고 행사 중에 고백하였습니다. 아, 하나님의 일은 사람이 아니라 하나님께서 하시는구나! 또 체험하고 목격하였습니다. 그렇게 은혜 가운데 7주년 감사 행사를 마쳤습니다.

앞으로는 더 겸손한 마음을 갖고 말씀에 의지하고 하나님께 의탁하기로 했습니다. 그렇게 나가면 하나님께서 이끌어 주실 것이라 확신합니다.

2. 머리 깎아 주기

언제부터인가 노숙자들의 머리를 깎아 주기를 시작하였습니다. 봉사자는 전도사, 여집사들로 이루어졌습니다. 매 주일 예배 시간에 따로 마련된 텐트에서 하였죠. 많은 성도가 와서 머리를 잘랐습니다. 그들은 이용료를 낼 처지가 아니었습니다. 많은 자들이 몰렸으므로 두세 분의 봉사자들이 2시간 이상 수고하죠.

깎고 나면 모두가 단정하고 예뻐 보인답니다. 그런데 노숙자 성도의 머리는 문제가 많습니다. 자주 감을 수 없으니 냄새가 나고 때와 땀으로 찌

들어 있죠. 빗이 잘 나가지 않아 깎기가 어렵답니다. 그보다 더 곤란한 것은 머리카락에 이(蝨)가 많아서 서캐(알)가 가위에 붙고 바람결에 날린다는군요.

어쩌다가 봉사자들에게 달라붙기도 한답니다. 집에 돌아가서 옷과 앞치마를 세탁하고 목욕을 하는데 어디엔가 이가 붙어 있다가 가족들에게 옮겨 가 난리를 피운다고 합니다. 제가 어린 시절인 1960-1970년대에도 그런 일 많았습니다. 이곳에서는 노숙자들만이 그런 것이 아니라 빈민가에서도 흔히 볼 수 있답니다.

이가 봉사자 집 안으로 번지기도 했는데 갖가지 약을 써서 겨우 처치하였답니다. 쉽게 사라지지 않아 오랫동안 고생했죠. 이런 일을 경험한 봉사자는 다행히 많은 교훈을 얻었다고 했습니다. "이런 체험 없이 어떻게 노숙자의 삶을 이해할 수 있겠습니까? 더 열심히 섬겨야겠어요." 저는 이같이 인내와 섬기려 함에 은혜를 받았습니다.

이런 일은 우리에게 신앙의 단면을 영적으로 보여 주고 있습니다. 노숙자들의 머리가 절고 이가 있다고 안다고 말할 수 있으나 어찌 참으로 안다고 할 수 있을까요? 체험 없이 안다고 말할 수 없죠. 신앙생활도 그렇지 않습니까? 하나님의 말씀, 성경도 안다고 하지만 생활 가운데 경험 없이는 참으로 안다고 할 수 없죠. 말씀대로 행동으로 옮길 때 능력이 나타나고 말씀의 참 의미를 알게 되는 게지요. 모든 섬김이 그렇답니다. 힘들고 어려워서 포기하면 하나님의 능력을 알 수 없어요. 말씀을 입으로만 말하고 지식으로만 알기 때문에 생활에 힘을 얻지 못하지요.

이용 봉사에 말이 나온 김에 관련된 이야기를 소개하겠습니다.

이미용으로 봉사하는 어느 집사님에게 딸이 있었습니다. 가끔 같이 와서 햄버거 만들기도 하고, 머리 깎는 옆에서 거들어 주었죠. 대학생으로 참 성실한 학생이었습니다.

어느 날 그가 서신 한 장을 보내더군요. 무슨 일일까 하며 읽어 보니 자기와 몇몇 친구들이 북한에 복음을 전하기 위한 단기 선교 여행으로 중국을 가니 후원해 달라는 내용이었습니다.

그때까지는 그 학생이 선교에 관심이 있는 줄 몰랐습니다. 후원할 만한 처지가 아닌 것을 아는데 어찌 그런 말을 할까 의아했습니다. 그냥 그 학생을 위해 기도했습니다.

이상하게도 그 학생이 참 담대하다는 생각이 들었습니다. 어떻게 북한 선교를 위해 중국으로 간다고 하는지? 조이플 선교단과 저의 부족한 사정을 어머니로부터 듣고 알고 있을 텐데…. 어쩌면 쉽게 도와달라고 말할 수 있을까? 그 학생이 담대하다는 생각이 들어 감동이 되었습니다.

그렇게 부탁한 것은 학생의 마음이나 생각이 아니라 뒤에서 일하시는 하나님인 것 같아서 기도를 시작했습니다. 이틀이 지나자 성령님께서 저의 마음을 꾹꾹 찌르시는 게 아닙니까?

저는 어떤 일에 찔리면 성령님의 간섭으로 믿고 일해 왔습니다. 그래서 적지만 얼마의 선교 후원금을 준비하여 하나님께 봉헌하고 그 학생을 불러 전달했습니다. 저는 헌금을 나눔과 노숙자 성도들을 돕는 데 사용합니다. 그 외에는 절대 사용하지 않습니다. 그런데 특별한 감동으로 거기에는 후원하였습니다.

그 학생은 잘 다녀와서 여행 이야기를 하고 선교 협력의 은사를 받았다고 하였습니다. 그러더니 졸업 후 한국으로 돌아갔습니다. 취직하여 성

실히 일하며 십일조를 우리 선교단에 보내고 있습니다. 참으로 귀하고
복된 일입니다.

3. 기능인으로 만들어 볼까

노숙자를 섬겨 오면서 이들이 언제까지 구걸에 의지하며 살아야 할지를 생각하면 답답합니다. 이들에게 이발, 간단한 요리, 제봉 등 단순한 기능 교육을 가르쳐 볼까 생각하고 있었습니다. 우리 선교단 자체로는 어려워 직업훈련원에 위탁 교육을 해 보려 했더니 비용이 너무 많아 할 수 없어 기도만 해 왔습니다.

더 알아보니 각 지방자치단체의 공공 기관에서 직업훈련소가 있었습니다. 찾아가 보니 몇 가지 기능 교육 과정이 있더군요. 훈련비는 무료이나 등록비, 유니폼과 신분증비, 실습과 재료비 등은 유료였습니다.

예배 중에 광고했더니 신청자가 예상보다 많더군요. 선별하여 날짜를 정해 예배 장소로 나오라 하였습니다. 그날이 되니 나온 사람이 절반 정도였습니다. 먼저 사진을 찍고 같이 훈련원으로 가서 등록하고 훈련에 필요한 비용을 납부해 주었습니다. 그들은 각각 기능별로 나누어 잠시 오리엔테이션을 받았습니다.

저는 교육이 시작되는 날 그들과 직업훈련소에서 만나기로 했습니다. 그날 거기에 가 보니 선정한 여덟 명 중에 다섯 명만 나왔더군요. 다섯 명에 대한 실습 재료비 등을 납부하고 그들에게 출입 신분증과 유니폼을 주었습니다. 훈련은 오후부터 시작했습니다.

다음 날 가 보니 세 명만 나왔습니다. 두 명은 왜 안 나왔냐고 물었더니 교통비가 없어서라고 했습니다. 오늘 나온 세 명에게 교통비를 주었더니 염치도 없게 식사할 돈이 없다기에 다음 날 점심 식비까지 주었습니다.

그다음 날 가 보았더니 아니, 그 세 명마저 나오지 않았습니다. 또 그다음 날은 찾아가지 않고 전화로 문의해 보았습니다. 역시나 아무도 오지 않았다는 것입니다. 주일이 되어 알아보려고 예배 때에 가 보니 모두 참석하지 않았습니다. 참으로 안타까운 일입니다. 미안해서 그러겠죠. 그렇게 이해했습니다.

사람 하나 가르치는 일이 어디 쉽나요? 더욱이 노숙자들인데…. 그 일로 사람만 잃은 꼴이 되었기에 기능 교육은 그만두었습니다. 모든 일에 다 때가 있구나 생각하며 씁쓸한 미소를 지었습니다.

4. 직업 마련해 주기(장사 밑천)

직업 훈련 이후에 또 하나를 시도해 보았습니다. 작은 장사(Vendor)로 거리에 앉아서 물건을 파는 좌판 판매였습니다, 즉 조그만한 나무 상자로 판매대를 만들어 과자, 비스킷, 낱개 담배, 사탕 등을 거리를 돌면서 파는 일입니다. 최소 3천 페소(6-7만 원)가 드는데 재정이 여의치 않아 몇 명만 후원하기로 했죠.

노숙자 성도 남녀 합해 다섯을 선정하여 설명하고 장사를 해 보라, 열심히 해서 하루에 50에서 100페소(1-2천원)까지 남으면 하루 세 끼를 해결할 수 있지 않겠느냐고 하며 격려했습니다. 각각 3천 페소를 나눠 주고 하고 싶은 대로 해 보라 했습니다. 그냥 써 버릴 수도 있겠다는 염려가 들기도 했으나 그들을 믿기로 했죠.

다음 주일이 되었습니다. 그들의 상황이 궁금하였습니다. 여자 세 명은 나왔고 남자 두 명은 나오지 않았습니다. 남자 둘은 착실히 매 주일 예배를 참석했기에 좋은 결과를 가져올 것이라고 기대했습니다. 그런데 둘다 안 나왔지 뭡니까? 그 후로 그들은 예배에도 영 나오지 않았습니다. 역시 그 돈을 다 써 버린 것이겠지요. 그들을 남달리 믿었는데 실망스럽더군요.

나머지 세 명에게 어떻게 했나 물었더니 한 사람은 물건을 사고서 팔고 있다 하고 또 다른 사람은 준비하고 있다고 했습니다. 그런데 그들의 말과 표정이 심상치 않았습니다. 거짓말인 것 같았습니다. 하지만 팔고 있다고 하고 준비하고 있다기에 더 지켜보기로 했습니다.

한 주가 지나 예배를 마치고 찾아보니 두 명이 오지 않았답니다. 둘 다 일을 시작하지 않고 다 써 버렸으리라는 생각이 들었습니다. 다행히도 한 명만 몇 가지 생필품을 디비소리아 도매 시장에서 구매하여 길거리를 다니면서 판다고 했습니다.

시작 전에 가르쳐 준대로 매주 감사 헌금을 드리라고 했더니 그녀는 그렇게 봉헌했습니다. 저는 그 금액을 받아 다시 축복하고 돌려주었습니다. 그런 일이 지속되다가 어느 날부터 주일 예배에 나오지 않고 소식이 끊어졌습니다. 그리고 제가 은퇴했기에 더 소식을 알 수 없었습니다.

마지막 한 명마저도 떠나 버려 아쉬움이 많았지만 모두 이해할 수 있습니다. 어떻게 그들이 3천 페소를 가질 수 있을까요? 큰돈이 생기니 먹고 싶은 것을 사 먹고 옷도 사고, 아프면 약도 사서 복용하기도 했겠죠. 혹은 그 돈을 교통비로 하여 귀향한 이도 있었을 것입니다.

그러나 그들이 훗날이라도 잘못을 깨닫고 하나님께 돌아오기를 바랍니다. 하나님의 복된 자녀가 되기를 믿고 기도했습니다. 그런 일 후에도 개는 짖어라 기차는 간다고 하듯이 예배와 나눔의 봉사를 꾸준히 이어 갔습니다. 이렇든 저렇든 모두 하나님의 은혜라고 고백합니다.

5. 남의 아이를 안고

　우리 노숙자들 가운데 많은 여자들이 아기를 가지고 있습니다. 남편이 있기도 하고 없기도 하죠. 영양이 부실하여 젖이 약합니다. 분유를 먹이면 좋겠다는 생각이 들어 기도하다가 말씀에 의지하여 시행하기로 했습니다.

　처음에 다섯 명으로 시작했지만 차차 나오는 숫자대로 준비했습니다. 어느 주일에 몇 명이 나올지 알 수 없죠. 나오던 엄마는 계속 나오지만 새로 애기 엄마들이 나오니 말입니다. 한 통이면 한 주일 정도는 먹일 수 있다고 하더군요. 그래서 매주 열 통을 준비했습니다.

　이 섬김에도 예외 없이 안타까운 일이 있었죠. 엄마가 자기 아기를 데려와 우유를 받으면 얼마나 좋을까요? 어떤 이는 남의 애기를 데리고 와서 분유를 받고 나중에 몰래 판다고 하더군요. 이를 어떻게 해야 할지요? 자기 아기라는 확인 서류를 받을 수도 없고….

　그래서 생일 축하 때처럼 모자 관계를 확인했습니다. 이가 아기의 진짜 엄마인가 하고 성도들에게 묻습니다. 그렇게 했더니 더 이상 다른 아이를 데려오는 일이 없어졌습니다.

　'주기도 나누기도 쉽지가 않다'는 말이 있는데 사실 그렇더군요. 노숙자들을 상대하다 보니 절실히 느낍니다. 어쩌겠습니까? 그러려니 하고 말지요. 어떻게 이들을 바로잡고 고칠 수 있을까요? 복음의 능력으로 할 수 있다고 믿고 말씀을 전할 뿐입니다. 이 분유 나누기도 은퇴할 때까지 계속했습니다.

6. 잊을 수 없는 할머니

우리 선교단의 섬김 가운데 노인 용돈 주기가 있습니다. 무슨 나눔에든 우선 순위를 두고 조금이라도 도우려고 시작했죠.

노인이란 60세 이상을 말하는데 이를 구별하기 위해서 바랑가이(주민센터)에서 발급하는 거주증명증을 확인합니다. 매 주일 예배 중에 축복금으로 50페소(당시 1,150원 정도)를 주었습니다. 물론 적은 금액이지만 빵과 주스 등의 대용식을 사 먹을 수 있고 간단한 비상약도 살 수 있죠.

노인들은 대부분이 노숙자이고, 간혹 홀로 가난하게 사는 분들이 있습니다. 이들은 예배를 드리기 위해서 나오지만 음식과 복지금을 받고자 오기도 합니다. 그럼에도 감사한 일이죠. 그들의 영혼구원을 위해서 떡과 복음을 마련한 것이니까요. 그런 가운데 하나님께서 구원의 역사를 이루시죠.

노인들 가운데 잊을 수 없는 할머니가 있었습니다. 대부분은 마닐라의 예배 장소에서 멀지 않은 곳에 오는데 그분은 아주 먼 쾌손 시(Quzen City)에서 옵니다. 그분의 말에 의하면 지프니를 두 번 바꿔 타고 오는데 한 시간 반에서 두 시간 걸린다고 합니다. 갈 때도 마찬가지랍니다. 차비만도 20페소(450원), 왕복 40페소(900원)라고 합니다.

그래서 특별히 100페소(2,300원)를 축복하고 드렸습니다. 꾸준히 출석했습니다. 예배도 잘 드리고 간증하기도 하며 치유 기도 시간에 자주 단상 앞으로 나왔습니다. 믿음이 좋고 영어도 제법 하였습니다. 혼자 산다고 하기에 여기 가까운 곳으로 와서 살면 좋겠다고 했습니다. 그랬더니 그곳에 있는 먼 친척 집에서 일을 하면서 살고 있는데 자기가 집안일을 도와주어야 한다고 했습니다. 나이로 볼 때 쉴 때도 되었지만 그럭저럭 할 수 있어 항상 감사하다고 했습니다.

왜 힘들게 멀리서 오느냐고 물었더니 조이플 예배가 좋고 여기 오면 기쁘고 행복하다고 하더군요. 속사정은 알 수는 없지만 좋아서 오는 것이 사실인 것 같았습니다.

그렇습니다. 사람이란 좋은 곳이라면 어디든지 갈 수 있습니다. 그러나 좋아한다고 이곳에 올 수는 없죠. 하나님께서 허락하고 인도해 주셔야 하기 때문입니다. 저는 그렇게 믿습니다. 은퇴 후 제가 개인적으로 하나님의 사랑을 나누기 위해 섬기는 곳으로 그분은 오기도 했는데 코로나19로 볼 수 없었습니다. 참으로 고맙고 감사한 분입니다.

7. 믿음으로 십일조를

우리 조이플 노숙자 예배에 처음 시작할 때는 순서에 헌금이 없었습니다. 세월이 가면서 성도들에 헌금에 대해 교육하고 싶었습니다. 헌금의 의미와 축복에 대해 가르치려고 간단한 헌금함을 만들어 단상 옆 테이블에 올려놓고 헌금 순서를 갖기 시작했죠.

생각했던 것보다는 많은 성도들이 나와서 헌금을 했습니다. 거의 동전으로 봉헌하였으나 간혹 20페소, 50페소짜리도 있었습니다. 그런가 하면 폐기되어 사용할 수 없는 지폐와 동전도 있었습니다. 가짜 동전과 애들이 가지고 노는 딱지도 있었죠.

어떤 자는 기도 제목을 넣어 기도를 요청하였고 더러는 갖가지의 서류를 넣어 금전적 도움을 요청했습니다. 실제로 도움을 요청하는 경우는 헌금함에 넣지 않고 직접 서류를 가져옵니다. 처방전을 가져와 약을 사야 한다고, 치료해야 한다고 합니다. 남편, 아내, 자녀, 부모, 형제자매가 죽었다고 조의금을 달라고도 합니다. 거의 가짜입니다. 처음에는 놀랐지만 그러려니 하고 웃어넘깁니다. 아주 드물긴 하지만 봉투에 얼마를 넣어 봉헌하는 경우도 있었습니다.

어느 날 흰 봉투에 이름도 없이 성경 구절이 적혀 있는 것을 보았습니다. "내가 기둥으로 세운 돌이 하나님의 집이 될 것이요, 하나님께서 내게 주신 모든 것에서 십 분의 일을 내가 반드시 하나님께 드리겠나이다 (창28:22)." 야곱이 벧엘에서 사닥다리의 위에 계신 하나님을 꿈에서 보고 깨어난 후에 한 말이죠. 하나님께서 지키시고 복을 주신다면 십일조를 드리겠다는 맹세입니다.

　참으로 놀라웠습니다. 그의 뜻은 자기를 축복하셔서 일을 주시면 십일조를 하겠다는 것이었는데 후에 알았습니다. 봉투 안에 750페소(당시 16,875원)가 들어 있습니다. 그 금액은 우리 성도들로는 아주 많은 것이었습니다. 이름이 없어 누구인지도 몰랐지만 헌금을 놓고 기쁨과 감사로 기도 드렸습니다.

　아마 한 달이 넘었을 때 다시 그와 똑같은 봉투에 같은 말씀을 쓰고 얼마를 봉헌했습니다. 이런 일이 몇 차례 있은 후 어느 주일 예배 헌금 시간에 헌금하는 자가 눈에 띄었습니다. 예배를 마친 후 찬양 인도자를 통해서 불러 이야기를 나누었죠. 그는 건축 공사장에서 일하고 월급을 받아 십일조를 한다고 했습니다. 어려운 가운데 봉헌하는 믿음이 너무나 고귀하고 아름다웠습니다.

　헌금의 반절을 모아 두었다가 성탄절, 부활절, 감사절 때에 특별한 선물과 축복금으로 주며 축복했습니다. 그러다가 제가 은퇴 한 후로는 나오지 않는다는 소식이 들리더니 연락이 끊어졌습니다. 참으로 귀한 아들입니다. 야곱의 고백대로 복된 자가 되기를 바라며 기도하였습니다. 얼마나 크신 하나님의 은혜인지요!

8. 헌신적인 여의사

2015년인가 어느 날 한국인과 필리핀인 여자 두 분이 우리 조이플 주일예배에 오셨습니다. 예배 시작 전이기에 인사를 나누었는데 한 여자분 (Mam Dr. Myra)이 의사라는 것이었습니다. 의사라니 기쁘고 좋았습니다. 우리 성도들을 돌보아 주기를 은근히 기대했기 때문입니다. 그런데 저의 부탁보다 그 여자분이 먼저 주일날 여기에 와서 검진(Check-up)과 치료를 해 주시겠다고 하였습니다. 어찌나 고맙고 놀랐는지요.

그다음 주부터 매 주일 와서 성도들을 치료하고 약까지 주었습니다. 그러사 검진대 앞에는 항상 긴 줄이 이어졌지요. 매우 인기가 좋았습니다. 사는 동안 먹어야 하고 입어야 하고 집에서 잠을 자야 하죠. 이런 것에 어려움을 겪고 있는 노숙자들에게는 큰 어려움이 더 있죠. 아플 때 치료할 수 없는 것입니다. 그러기에 검진과 치료는 최고의 인기이죠. 치료 현장을 보면 알 수 있습니다. 이 의사는 유달리 착하고 친절해서 디 좋아했습니다.

'진료는 의사에게, 약은 약사에게'란 말이 있듯이 약은 우리가 약국에 가서 사서 공급해 주어야 했는데 그럴 형편이 아닙니다. 이것을 알고 의사가 약도 준비했습니다. 후에 들은 이야기로는 본인이 약을 구입하기도

하고 다른 데 의료 봉사를 하고 남는 약을 모으기도 했답니다.

어찌 이렇게 귀하게 봉사하는지요. 너무 감사했습니다. 고맙다고 말하면 그 의사는 이곳에 와서 너무 감동했다고 도리어 감사했습니다. "노숙자들 영혼을 구원하기 위해 복음 전하고 먹이며 여러 가지로 섬겨 주시니 너무나 감사합니다. 이런 교회는 우리 필리핀에서도 본 적이 없어요." 하며 너무 좋아서 온다고 했습니다. 또 가끔 헌금도 했습니다.

어느 날 필리핀 여자 치과 의사를 데리고 와서 이빨 치료를 하게 하더군요 이것도 놀라운 일입니다. 어떻게 치과 의사를 모셨는지요? 나중에 들으니 사례비를 주었다는 겁니다. 세월이 지나자 그 치과 의사도 사례비를 거절하고 자원하여 즐겁게 봉사하였습니다. 조이플 교회를 섬기면 이런 의사와 같은 분은 거의 없었습니다.

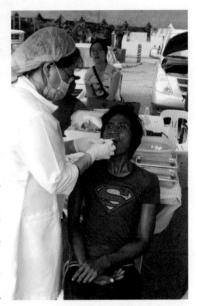

약도 공급하지 못하는 처지에 너무 미안하고 감사하여 예배와 밥상 나눔이 끝나면 간단하나마 저녁 식사를 대접하곤 했습니다. 치과 의사도 같이 했습니다. 이런 섬김이 은퇴까지 지속되었고 지금도 서로 교제하고 있답니다. 이 또한 제가 할 수 없었던 일로 하나님의 행하심이라고 진솔하게 고백합니다. 이런 의료 보살핌이 하늘나라 건설에 큰 힘이 되지요.

D. 조이플 선교단의 특성

저는 오직 하나님의 말씀을 믿고 하나님을 의지하면서 조이플 선교단을 운영해 왔습니다. 누구에게도 아쉬운 소리를 하지 않았습니다.

우리가 드리는 주일 예배는 하나님을 찬양하며 춤추고 기뻐하며 드립니다. 축제와 같습니다. 특히 성탄절은 미리 준비한 많은 선물을 주며 명절같이 지냅니다.

예배 중에 힐링 시간이 있어 안수를 합니다. 만약 귀신이 든 자가 있으면 예수 그리스도의 이름으로 축출합니다. 주님의 능력도 함께 합니다.

바닷가 예배에서도 그랬지만 보니파시오에서도 주일 예배를 지켰습니다. 비가 억수같이 오고 끝까지 와도 흠뻑 맞아 가면서 드렸습니다. 교황이 마닐라에 방문했을 때도 예배 장소를 줄로 치고 밤을 새워 지키고 예배를 드렸습니다.

예배 중에 노숙자들이 주로 구원을 받지만 그렇지 않은 자도 예배를 보고 감동받고 세례를 받는 경우도 있었습니다. 더러는 믿지 않은 자가 와서 큰 은혜를 받고 얼마 후에 믿기도 했습니다.

이와 같은 사역을 하다가 나이가 들고 노쇠해져서 75세가 되었으므로 은퇴하였습니다.

1. 오직 믿고 행하므로

저는 선교사라는 말의 뜻조차도 모를 정도로 관심이 없었습니다. 이곳 필리핀으로 올 때만 해도 전혀 몰랐습니다. 다른 일과 목적으로 왔으므로 어떠한 준비도 없었죠. 말로만 듣던 선교를 하게 될 줄이야… 생각조차 못한 일입니다. 더구나 노숙자들의 영혼을 구원하고 섬기는 일이야 더 할 말 필요가 없었죠.

어떻게 해야 할지 알지도 못하고 능력도 없었습니다. 하나님께서 할 수 있다고 말씀하셨으므로 받아들여야겠다고 여겼습니다. 순종하면 못할 것이 없다고 느꼈습니다. 저는 할 수 없으나 주님은 할 수 있으니까요.

이것은 하나님께서 주신 믿음입니다. 히브리서 11장에 모든 족장, 선지자, 하나님의 사람들이 다 믿음으로 살았다고 하였습니다. 그 믿음에 행함으로 이루었음을 알 수 있죠. '믿음으로, 믿음으로… 내가 무슨 말을 더 하리요? 우리 믿음의 선진들도 다 믿음으로 행했다.'고 했잖아요. 저도 믿음으로 나가리라 다짐했습니다.

제가 젊었을 때 고스톱을 참으로 좋아했습니다. 가까운 친구들과 토요일 오후만 되면 모여서 고스톱을 쳤습니다. 하다 보면 밤을 새우고 다음날까지 계속하는 일이 빈번했습니다. 친구들은 모두 잘하는데 저는 그렇지 못했습니다. 그러나 한 가지는 누구보다도 잘했죠. 이기기만 하면 고를 외치는 것이었어요. "고! 고다! 못 먹어도 고다! 죽어도 넘어져도 고!" 전 고스톱을 이 재미로 했습니다. 그러니 돈을 어찌 딸 수 있었겠습니까?

저는 목회자가 되어 노숙자를 섬기는 선교사가 되었습니다. 하나님의 강권적인 역사로 구제 선교를 맡았습니다. 파송을 받거나 후원도 없이 오직 하나님께서 주신 "오직 하나님께만 구하고 의탁 하라(욥5:8)"라는 말씀만 믿었습니다. 조이플 선교에서 모든 섬김을 그렇게 구하고 의탁해 왔습니다. 저는 아무것도 할 수 없었습니다.

특별히 재정적으로 어려웠으나 해야 할 일이 있으면 먼저 기도했습니다. 아무것도 없고 보이지 않았지만 무조건 고(Go) 하였죠. 한 발자국 옮기고 두 발짝 옮기다가 뛰었답니다. 못하지만 고! 안될 일이지만 고! 안 맞아도 고! 힘들어도 고! 하기 싫어도 고!

이때 고(go)를 예수 안에서 믿음으로 바꾸었습니다. 믿음으로(by Faith), 믿고 행동으로 옮기고 나갔더니 어느새 함께 하시는 성령님께서 그 고(go), 믿음 위에서 역사하셨습니다. 그래서 사역할 수 있었죠. 전 고스톱에서는 잃은 것이 많았으나 하나님의 일에서는 얻은 것으로 가득하였죠. 잃은 것 하나 없이 모두 풍성하게 거두었습니다.

예수 그리스도 안에서 모든 것을 할 수 있느니라! 고백하고 말씀에 의지하였습니다.

2. 조이플 예배는 축제다

교회의 예배와 각자의 삶에서 하나님의 뜻을 이루는 것, 그것이 영적

_____ 필리핀의 노숙자 선교사

예배요 축제라고 할 수 있습니다. 교회는 예수 그리스도로 구원받은 백성이 모인 공동체입니다. 함께 하나님께 경배하고 회개하여 결단하고 은혜와 능력을 받으니 어찌 축제라 말하지 않을 수 있을까요? 세상에서 버림받고 고통 가운데 살아가는 노숙자 성도들이 모여 소망과 기쁨으로 드리는 예배는 더욱 그렇습니다.

우리 예배의 순서에서 육과 영이 함께 기뻐합니다. 시작 전에 마음 문을 활짝 열기 위해 찬양하고 시작과 더불어 지난 한 주간의 삶을 되돌아보고 새로운 결단의 고백을 합니다. 모두가 서로 다시 만났다는 기쁨으로 찬송하고 인사와 악수로 나눕니다. 말씀 선포로 받은 은혜를 기뻐합니다. 생일 축하의 기쁨, 힐링(healing) 시간의 치유의 기쁨, 간증의 기쁨, 아기와 엄마에게 분유로 나누는 기쁨, 노인들에게 복지 축복금을 나누는 기쁨, 예배 마치기 전 모두가 함께 부르는 찬양의 기쁨이 있습니다. 그리

고 예배를 마치고 나누는 밥상(햄버거와 음료, 기타)의 기쁨이 있죠, 모두가 다 기쁨으로 드리는 예배입니다.

특별히 기쁨이 충만한 마지막 찬양에는 하나님께 마음껏 찬양합니다. 이 시간이면 몸과 마음을 다해 큰 소리로 찬양하지요. 저는 이 시간이면 저도 모르게 온몸으로 춤을 추며 찬양하며 스스로 취해 버립니다. 저만이 아니라 우리 노숙자 성도 모두, 어린이까지 기쁨이 넘쳐 웃으며 춤추며 찬양합니다.

예전 세상에서 살 때 저는 춤을 많이 추었습니다. 춤 솜씨가 대단하답니다. 갖가지 춤을 추는 것을 본 봉사자들이 '목사님은 예전에 춤으로 한 가락 하셨음이 틀림없다'고 수군거렸습니다.

"여호와의 궤가 다윗 성으로 돌아올 때에 아내 미갈(사울의 딸)이 창으로 내다보다가 다윗 왕이 여호와 앞에서 뛰놀며 춤추는 것을 보고 심중에 그를 업신여기니라(삼하6:16)"라는 말씀이 있습니다. 저의 춤을 보고 저를 싫어하고 비꼬는 자도 그와 같은 심정이겠지요. 전 다윗 왕이 하나님을 사랑하여 춤추며 찬양한 것을 이해할 수 있습니다. 제가 그랬으니까요.

찬양 후 마지막 축도에 "아멘!"으로 세 번 크게 화답합니다. 우리 선교단 이름에 들어 있는 즐거운(Joyful)에 맞게 '예배와 섬김'을 기쁨의 축제로 이끌어 왔습니다. 노숙자 모두가 기뻐하였습니다. 하나님께서도 보시고 기뻐하셨을 겁니다.

3. 성탄절을 큰 기쁨으로

매주 예배를 축제로 드리지만 일 년에 한 번 있는 성탄절은 특별하게 지낸답니다. 제가 필리핀에 교환 연구차 왔던 첫해에 크리스마스를 처음으로 맞았는데 너무나 놀랐습니다. 벌써 오래전의 일입니다. 메트로 마닐라의 위성 도시 까삐떼(Cavite)의 이무스(Imus)에 있을 때였습니다. 그 해 10월과 11월이 되니 벌써부터 거리나 집, 공원과 성당, 마닐라 백화점(SM mall)에는 크리스마스트리와 장식품들이 가득했고 더러 팔기도 했습니다. 예전에 우리나라에서 볼 수 있는 풍경이었지요.

그러다가 12월이 되니 모든 사람들이 분주하게 가족과 일가친척을 위해 선물 준비하는 것을 보았습니다. 우리나라의 설날을 연상하였습니다만 그보다 훨씬 더한 것 같았습니다. 성탄절이 우리 구주 예수 그리스도께서 탄생하신 날로 감격스럽고 기쁘고 즐거운 날임을 잘 알고 있었습니다. 그러나 필리핀에서는 그 깊은 문화와 배경은 알 수 없으나 성탄절이 분명 고유한 명절이었습니다.

그래서 저는 노숙자를 돕는 선교를 시작하면서 첫 성탄절부터 정성을 다하여 축하 행사와 나눔을 했습니다. 성탄절은 단지 교회만이 아니라 온 나라의 잔치라고 생각했습니다. 거리에서 만나는 사람마다 모두가 '메리 크리스마스!'라고 하죠. 그 말이 선물을 달라는 말이라고 합니다.

바닷가에서 5년간도 그랬지만 시청 공원(Bonifacio Shrine)으로 옮긴 후 예배 참여자가 더 많아져도 성탄절마다 최선을 다하여 축하했답니다. 어렵게 살아가는 거리의 사람들, 노숙자들에게 예수 그리스도의 이름으로 기쁨을 주고 나누기 위해서였죠.

그래서 성탄 축하 감사 예배에는 많은 선물을 준비하여 여러 사람에게 나누어 주었습니다. 각종 봉사자들, 공공 기관들, 주위 사람들, 거리의 사람들과 나누었습니다. 성도들 가운데 어린이, 노인, 각 분야에서 모범이 되는 자들을 선정하여 특별 선물도 주었습니다. 성탄절이 즐겁고 기쁜 날이 되었습니다. 많은 예산이 필요했지만 차곡차곡 모아 풍성하게 사용하였습니다.

이 행사에 저만이 아는 비밀이 있답니다. 분에 넘치는 감사 행사를 하려니 상상을 넘는 금액이 필요하지요. 평시에도 어려운데 하물며 성탄절은 더 하지 않겠습니까? 이러한 성탄절의 행사도 평상시처럼 하나님께 의탁하여 기도하고 예비하심을 기다렸죠. 성탄절이라 해서 새삼 남에게 도움을 청할 수는 없습니다. 여전히 믿음을 지키며 때마다 하나씩 장만해 가니 하나님께서 채워 주셨습니다.

언제부터 준비하는가 하면 비밀인데 성탄절이 끝나면 곧 새해 1월부터 바로 시작한다는 것이죠. 일 년간 계속 틈틈이 준비한답니다. 하나님께서 축복을 하실 때마다 필요한 물건, 선물을 조금씩 준비합니다. 예를 들면 저의 생일이나 특별한 날이면 받는 용돈이나 사례 등의 일부를 성탄절기금으로 저축한답니다.

그러다 보면 성탄절쯤 되면 꽤 모여 있죠. 성탄절에 크고 귀하게 쓰고 또 한 해가 시작되면 그렇게 준비하죠. 그렇게 매년 성탄절을 오신 예수 그리스도를 찬양하고 선물을 마음껏 나누며 행복하게 지내 왔습니다. 저와 함께한 모든 분들이 보았으므로 그들이 증거할 수 있을 것입니다. 이런 섬김을 우리 조이플 선교단이 했답니다.

4. 예수 그리스도의 이름으로

우리 조이플 선교단의 주일 예배와 모든 섬김의 대상은 노숙자들이요, 빈민가에서 어렵고 힘들게 살아가는 자들입니다. 대상도 어린이부터 성인까지죠. 그런데 놀랍게도 가끔 학력이나 지식 있는 자도 있고, 경력이 좋거나 한때 사업을 했던 자도 있었습니다. 그들은 영어도 잘하였습니다. 잠재적인 일꾼이라 하겠습니다.

보통 노숙자들은 예배를 잘 드리지만 끝나 갈 무렵에 와서 밥상 나눔에만 참여하는 자도 제법 됩니다. 노숙자들 중에 집회에 빠지지 않고 성실히 예배를 드리는 자가 있었습니다. 찬양 시간에는 아주 밝은 표정으로 기쁘게 노래하였습니다.

어느 날 설교 중에 그가 갑자기 소리를 치더니 입 모양이 돌아가며 손발과 온몸을 요동쳤습니다. 저는 설교를 이어 가면서 가까이 갔습니다. 저를 보더니 얼굴색이 싹 변하더니 소리를 지르며 죽인다는 것입니다.

저는 딴생각을 할 여지도 없이 귀신이구나, 바로 느끼고 예수님께서 가르치신 대로 명령했습니다. "내가 나사렛 예수 그리스도의 이름을 명하노니, 이 악하고 더러운 귀신아, 떠나가라! 예배를 방해하는 귀신아, 가라!" 두세 번 연거푸 명했습니다.

그랬더니 그 노숙자 성도가 저를 응시하더니 눈이 흐려지고 고개를 숙였습니다. 그리고 바로 밖으로 나가면서 다음에 와서 저를 죽이겠다고 했습니다. 저는 잠시 중단됐던 예배를 계속 인도했습니다.

예배 중에 가끔 여러 가지 형태로 귀신의 방해가 있었습니다. 그럴 때마다 다른 생각하지 않고 예수 이름으로 명령합니다. 어떤 사람은 금방 정상으로 돌아오므로 예배를 계속 드립니다. 나중에 좋아지는 일도 더러 있답니다.

저를 죽이겠다는 그가 온전히 기쁘게 오리라 믿었습니다. 다음 주일에 전처럼 아주 맑고 밝은 모습으로 돌아왔습니다. 그에게 그날의 일을 물었더니 기억이 안 난다고 말하더군요.

_____ 필리핀의 노숙자 선교사

우리 예배 중에 힐링 순서가 있습니다. 환자, 문제가 있는 자, 축복을 받기 원하는 자를 단상 앞으로 오게 합니다. 성도들이 상당히 많이 나옵니다. 먼저 찬양대와 모든 성도들과 함께 찬양을 부르죠. 저는 그들 앞으로 나가 오른쪽에서부터 한 사람씩 안수하고 기도해 줍니다.

사람에 따라 악한 영이 있다는 감동이 될 때는 주님께서 가르쳐 주신 대로 예수의 이름으로 명하고 성령의 인도에 따라 방언을 말합니다. 그러면 어떤 사람은 몸을 흔들기도 하고 뒤로 넘어지기도 하지요.

제가 복을 주고 문제를 풀고 귀신을 떠나게 하는 것이 아니라 하나님께서 하시는 일이랍니다. 저는 오직 말씀에 의지하여 명할 뿐입니다. 역사는 하나님께서 하십니다. 그것을 믿고 강하고 담대하게 하는 것입니다.

우리가 믿는 하나님은 영이시요 거룩하고 전능하십니다. 귀신도 악한 하나의 영이기에 하나님을 알아보고 떨며 떠나는 게죠. 하나님께서 복을 주고 문제를 풀어 주시고 악한 영을 물리쳐 주십니다. 그러므로 우리는 하나님의 자녀로서 믿음을 가지고 기도하고 명령해야 합니다. 그럴 때 하나님께서 역사하십니다. 저는 그렇게 믿고 사역해 왔습니다.

5. 비가 내려도 꼭 지키다

우리 조이플 교회는 광야(바닷가, 공원, 거리) 예배를 드리고 나누고 섬기는 선교를 했습니다. 처음부터 실내가 아니라 광야에서 하기로 했죠. 성도들이 거의 다 노숙자들이니 그렇습니다.

처음 시작했던 바닷가에서부터 광야 예배를 경험해 왔습니다. 필리핀은 1년 중 6월부터 다음 해 2월까지는 우기(rainy season)입니다. 그 기간에 비가 많이 옵니다. 바닷가에서 비 오는 날의 이야기는 이미 소개했습니다(3장 D-1). 이곳 시청 공원, 보니파시오(Bonifacio Shrine)로 옮긴 후로도 같은 상황이었습니다. 바닷가나 공원이나 다 같은 야외이기에 비를 맞고 예배드리는 날이 많았다는 것이죠.

피할 수 없기에 처음부터 비를 맞을 각오를 했습니다. 문제는 성도들이죠. 빗방울이 떨어지기 시작하면 하나씩 비를 피해 나무 밑이나 건물로 달아납니다. 필리핀 사람들은 비를 무서워합니다. 감기가 들고 병이 날까 봐 그렇습니다. 비를 맞으면 추워합니다. 노숙자만이 아니라 거의 다 그렇습니다.

비가 오면 우리는 천막 밖에 있는 사운드 시스템, 스피커, 마이크 등을 준비한 비닐로 덮어씌웁니다. 그러나 저는 예배의 중대함을 알기에 비를 맞아 가며 진행합니다. 태풍이 불어와도 소나기가 와도 결코 중단하지 않고 끝까지 인도합니다.

그래서 오전부터 현장에서 예배 준비를 하게 합니다. 예배 처소로 가기 전에 비가 오더라도 전혀 염려하지 않고 가서 예배를 시작합니다. 그랬더니 상당한 수, 50여 명은 우산을 쓰거나 비닐을 두르고 앉아 있기에 비를 맞으면서 예배를 드리곤 했습니다. 인도자가 이끌어 가면 일부의 성도들은 따라온다는 것을 보았습니다. 그 모습이 얼마나 귀하고 아름다운지요? 전 비닐 우비를 입을 때도 있지만 주로 비를 맞고 열심을 냅니다. 성도를 바라보면 입을 수가 없기 때문입니다.

어느 날은 아침부터 예배 시작 전에까지 비가 그치지 않더군요. 시간이 되어 바로 예배를 시작하였습니다. 앞에 성도들은 두세 사람뿐이었습니다. 비가 내려도 예배를 드리는 것을 알기에 성도들이 차차로 많아졌습니다. 이날은 예배가 끝날 때까지 비가 그치지 않았습니다. 저의 얼굴, 모자, 위아래 옷이 비로 온통 젖어 빗물이 흘러내렸습니다. 장화 위에까지 물이 흘러 철떡철떡 거려 발을 옮길 수 없었습니다.

이때에도 마지막 찬양은 어김없이 했는데 더 신나고 즐겁게 했습니다. 어려운 중에도 봉사자들(20명 정도)이 차질 없이 햄버거를 구워 내어 밥상을 마련하여 큰 기쁨으로 나누었답니다. 이런 광경을 다시 생각해 보면 놀라운 일입니다. 제가 어떻게 할 수 있겠습니까? 함께 하시는 성령님의 능력으로 했음을 고백합니다.

6. 끝내 주일 예배를 지켰다

줄곧 주일 예배를 지켜 오던 우리 조이플 선교단에 비상이 걸렸습니다.

　　　　　　　　필리핀의 노숙자 선교사

교황이 마닐라에 방문했답니다. 그 주일에는 어찌할 대안이 없는 듯했죠.

교황이 필리핀을 방문한 주일에 우리 예배 처소에 바로 옆 루네타 공원 스타디움에서 미사가 열린다고 했습니다. 아시다시피 필리핀은 로마 가톨릭이 국교라고 할 정도입니다. 명목상이지만 국민의 95%가 가톨릭 신자니까요.

주일 미사가 대단할 것이라는 소문이 돌았습니다. 수많은 사람들이 메트로 마닐라와 각지에서 오리라고 했습니다. 스타디움을 중심으로 온 지역에서 사람들로 꽉 들어차 방송으로 미사를 드릴 것이라고도 했습니다.

우리 예배 처소는 물론 이 지역 일대가 전날부터 주차장이 될 것 같았습니다 어떻게 이 장소에서 예배를 드릴 수 있을까 막연했지만 어찌해서라도 예배 장소를 지켜야 했죠. 최선의 방법은 예배 장소를 빙 돌아 줄로 연결시키는 것이라 생각했습니다. 그래서 어떤 차도 주차할 수 없도록 이중 삼중으로 줄을 쳐 놓았습니다. 어떻게 해서라도 내일 예배를 드려야 했기 때문입니다.

누가 줄을 자르고 주차할 것이라 생각이 들어 노숙자 다섯 명을 선정하여 이곳을 지키라고, 절대 주차하지 못하게 하라고 강하게 말했습니다. 밥도 사 주고 수당도 주며 밤새도록 지키라고 강력하게 주문했죠. 그리고 밤 10시에 집으로 돌아왔습니다.

휴대전화로 상황을 점검할 수도 없습니다. 왜냐하면 정부에서 안보상 통신망을 차단시켰기 때문입니다. 별 뾰족한 수가 없어 체크를 포기하고 기도만 하다가 날을 새우고 새벽 4시에 예배 처소에 가려고 나왔습니다.

밤새도록 사람들이 거리를 온통 차지한 채 미사 장소로 가고 있었습니다. 사람과 사람 사이에 틈이 없을 정도였죠. 어떠한 교통수단이 없어서 저도 사람 사이를 뚫고 밀고 밀리면서 앞으로 나갔습니다. 몸부림을 친 끝에 겨우 8시에 예배 장소에 도착했습니다.

가 보니 다섯 명의 노숙자 성도들이 끝까지 자리를 지키고 있었습니다. 너무 놀랍고 감사했습니다. 얼마나 감격스러운지 눈물을 흘렸답니다. 오후 1시에 예배를 드릴 때까지 계속 지켜야 했습니다. 먼저 다섯 명에게 식사를 하라고 돈을 주었습니다.

그들이 돌아온 후에도 계속해서 지키고 있었는데 한인 여집사, 봉사자가 왔습니다. 그분은 예배 처소 근처 마닐라 에스엠 백화점(SM mall) 바로 앞 타워에 사시는데, 섬기는 한인 교회를 가지 못해서 우리 예배 장소에 오셨답니다. 불과 8백 미터를 오는데 한참이나 걸렸답니다.

이런 상황에서 1시 30분에 예배를 시작했습니다. 14명의 노숙자가 나오더군요. 그 많은 노숙자 성도들이 어디에 있는지? 못 올 수도 있겠다고 생각하고 믿음을 가지고 예배를 드렸습니다. 함께 하시는 성령님께서 지켜 주시고 인도해 주셨습니다.

이렇게 주님의 크신 은혜로 단 한 번도 예배를 중단하지 않았습니다. 누가 이렇게 하셨을까요? 오직 하나님이 친히 해 주셨습니다. 하고자 하면 하나님께서 하신답니다.

7. 구원의 기쁜 소식이 조이플을 통해서

우리 조이플 선교단(즐거운 교회·돕는 선교단)은 필리핀의 거리의 사람, 노숙자들을 영혼 구원과 나눔으로 섬깁니다. 그래서 수많은 노숙자들과 가난하게 살아가는 사람들에게 세례를 베풀었죠.

우리 예배와 섬김을 보면서 예수 그리스도를 영접하신 분도 있었습니다. 노숙자의 세례식에 같이 참여하여 세례를 받고 하나님의 거룩한 자녀가 되었죠. 저는 하나님의 비밀을 많이 봅니다. 바라는 기도가 섬김의 사역에 일어나고 하나님의 일하심을 많이 체험하기 때문이죠.

우리 예배와 섬김에 봉사자들은 거의 한국인입니다. 대부분 한인 교회의 성도들이었죠. 그럼에도 매우 드물게 아직 예수 그리스도를 영접하지 않은 분도 있습니다.

그런 분 중에 나중에 예수님을 영접하고 변화된 이야기를 드리고 싶습니다. 어느 날 어느 분이 한국에서 여행 온 부부를 우리 예배에 모시고 왔습니다. 서종철 사장과 유기정 실장이라 했습니다. 두 분은 예배와 밥상 나눔을 끝까지 지켜보았습니다. 예배 후에 인사를 나누고 헤어졌는데 귀국하면 꼭 뵙고자 했습니다.

그 후 제가 한국을 방문하고 연락을 하였습니다. 전화를 하니 반가워하면서 언제 저의 거처로 오겠다고 했습니다. 약속한 날에 전화로 이렇게 말하더군요. "목사님, 반가운 소식이 있어요. 그간 아주 어렵고 힘든 일이 있었는데 엊그제 목사님께서 오셨다는 전화를 받은 후에 그 문제가 해결되었어요. 목사님께서 기쁜 소식을 가지고 오셨습니다." 만나 자세한 이야기를 하겠다고 했습니다.

두어 시간 후에 서 사장님이 저의 집에 도착했습니다. 그분이 사업하는 위성 도시 안산으로 함께 차를 타고 갔습니다. 가면서 해결된 기쁜 소식을 듣고 함께 즐거워했습니다. 종합 병원 운영권이 해결되었답니다.

가서 기다리던 부인과 같이 좋은 식사를 했습니다. 목회자가 된 후로 처음 받는 후한 대접이었습니다. 그분은 저를 데리고 병원으로 가서 무릎 관절을 검사하고 관절 주사를 맞게 했습니다. 또 치과에 가서 이를 검사하고 치료를 받도록 했습니다. 저는 친절과 과분한 호의를 받고 너무 당황스럽고 고마워서 마음으로 울었습니다. 보이지 않는 눈물을 흘렸습니다. 이 두 분으로부터 큰 사랑과 섬김을 받고 필리핀으로 돌아왔습니다.

몇 개월이 지나서 두 분이 교회에 나가 예수 그리스도를 하나님의 아들로, 죄를 용서하고 구원하시는 구주로 믿어 하나님의 자녀가 되었다는 소식을 들었습니다. 지난번에 받은 식사 대접과 무릎과 관절 치료보다 더 큰 선물이었습니다.

그분들은 우리 조이플 예배와 섬김에서 하나님께서 살아 계심을 보고 감동을 받았답니다. 그러던 차에 평소 가깝게 교제하는 분의 전도로 교회를 나가게 되었답니다. 참으로 하나님의 역사는 오묘합니다.

또 얼마 지나서 귀국했는데 전에 구원받은 그 부부의 초대를 받았습니다. 사업장에서 예배를 드리기를 원하기에 가서 두 분과 직원 한 명과 같이 예배를 드렸습니다. 다 같이 찬송을 부르는데 부인되는 분이 어찌나 찬송을 크게 부르는지 놀랐습니다. 더 놀란 것은 곡조가 맞지 않았다는 것이었죠.

그럼에도 아주 강하고 담대하게 찬송하는 게 아닌가요? 교회에 나간 지도 얼마 안 되었으니 잘 맞추지는 못하겠으나 틀리면서도 자신 있고 기쁘게 부르더군요.

저는 얼마나 좋았는지 틀린 곡조의 찬송에 은혜를 받았습니다. 그리고 말했습니다. "정말 찬송을 잘 부르셔서 큰 은혜를 받았습니다. 베토벤의 유명한 작품이 무엇인지 아세요? 〈미완성 교향곡〉입니다. 완성이 안 된 곡이 그리 유명하답니다. 하하하" 아주 잘 불렀다고 연거푸 칭찬을 했죠.

주님을 믿은 지 얼마 안 됐는데 사업장에 초청해 예배를 드리자고 부탁하다니…. 함께 예배를 드려서 은혜와 기쁨이 넘쳤습니다. 누가 이렇게 했을까요? 하나님이 아니신가요? 하나님은 은밀하게 일하시고 우리를 보고 듣게 하십니다. 이 아름다운 부부는 오늘날까지 우리 선교단을 사랑하고 도움을 주고 계십니다.

8. 은퇴

저는 하나님으로부터 거리의 사람들, 노숙자들의 영혼 구원과 구제를 위해 특별한 사건을 통해서 사명을 받았습니다. 거리에서부터 시작하다가 정식으로 '즐거운 교회·돕는 선교단(JOYFUL CHURCH·HELPING MISSION)'을 세워 하나님께 봉헌하고 사역하다가 25여 년 만에 은퇴하였습니다.

75세가 되어 가니 무릎 관절이 아파 걷기가 힘들어졌습니다. 아무리 비를 맞아도 섬김을 마치고 근처의 에스엠 백화점(SM Mall)에 들어가면 끄떡없었죠. 비에 흠뻑 젖은 옷에도 아무렇지 않았는데 점차 추워졌습니다. 고혈압이 오래되었지만 약을 복용하면서 지내 왔는데 예배 중 너무나 덥고 피곤하면 어지럼을 느낍니다. 광야의 예배와 섬김에 어려움이 왔기에 공식적으로 은퇴하려고 했습니다. 다만 사적인 봉사는 이어 가려고 기도해 왔답니다.

조이플 선교단을 섬기면서 오직 주님만 바라보고 주님께서 주신 은혜로 최선을 다했습니다. 그래서 영적 파송자라고 말하곤 합니다.

5장

은퇴 후의 사역

A. 중단 없는 섬김

공식적으로 은퇴를 했으나 사적인 봉사는 그치지 않았습니다. 주중에 로톤 공원에서 예배와 나눔을 시작했습니다.

그런데 약 2년 후에 코로나 전염병이 발생하여 노숙자들이 더욱 어려워졌습니다. 지역이 봉쇄되어 모임을 갖지 못했지만 단계가 낮아지자 차로 다니며 필요한 것을 공급했습니다.

지속적으로 식품을 공급하시던 회장님의 덕분으로 3년간 펜데믹에 큰 힘이 되었습니다. 코로나 바로 전에는 사업을 같이 하는 아들의 선배들이 구제금을 주어 요긴하게 사용하였습니다.

조이플 선교와 지금 로톤 공원의 사역에 도움을 주신 많은 사랑하는 여종들이 있었습니다. 하나님께서 예비한 조력자들입니다. 그분들로 인해 하나님의 일을 지금까지 지속할 수 있었죠.

은퇴 후에 차를 반납하고 불편하게 다니다가 최근 자녀들의 도움으로 새로 차를 장만하게 되었습니다. 얼마나 감사한지 사역의 발이 되었습니다.

1. 주중 예배를 드리고 빵을 나누다

은퇴 후 어떻게 할 것인가 오랫동안 기도를 해 왔습니다. 여생을 귀국하여 쉬고 싶었으나 그 마음은 잠시였습니다. 25년간 사역했던 예배 처소에서 선교 현장을 뒤로하고 떠날 수가 없었습니다.

빵을 사서 자전거로 가깝고 먼 거리를 다니며 나누고 섬겼던 곳과 사람들이 눈에 선했습니다. 또한 하나님께서 부르시는 그날까지 사명을 감당하는 일이 옳은 일인 것 같았습니다. 제가 받은 은혜가 크고 많아서 빚을 갚아야겠다고 생각했습니다.

그래서 이곳 필리핀에서 계속 전도하고 나누며 섬기기로 했습니다. 하나님께서 부르시는 날에 아멘! 할렐루야! 하며 떠나기로 했습니다.

은퇴 후 저는 주중 수요일에 로톤 공원에서 개인적으로 사역하려고 했습니다. 왜냐하면 맡긴 조이플 선교단이 주일에 예배와 섬김을 하기 때문이죠. 은퇴 두 달 전부터 준비했습니다. 로톤은 마닐라 시청 건너편 중앙 우체국 앞에 있습니다.

그렇게 시작한 수요일 섬김은 사정상 토요일로 바꾸었답니다. 모인 무리들에게 예배 때마다 저의 뜻을 알리면서 '내일 주일에는 빠짐없이 모두 시청 공원, 보니파시오(Bonifacio Shrine)의 조이플 예배에 꼭 참석하라'고 당부했습니다.

로톤에서 예배와 섬김은 본 선교단처럼 크게 할 수 없었습니다. 작은 섬김으로 이어 갔지요. 예배는 지켰으나 나눔은 하나님의 허락을 따라 했습니다. 육적이나 물질적으로 무리하지 않으려고 했으나 불쌍한 그들을 볼 때 최선을 다할 수밖에 없었습니다. 이렇게 주중에 우리 성도들과 예배드리며 나누는 봉사가 참으로 행복하였습니다.

2. 코로나이기에 더욱

2년간 로톤에서 주중의 섬김을 이어 가던 어느 날 코로나19라는 무서운 전염병이 어디선가 발생하여 전 세계로 퍼졌죠. 필리핀에도 들어왔는데 이를 막기 위해 당국에서 모든 것을 봉쇄하였으므로 꼼짝하지 못하게

_____ 필리핀의 노숙자 선교사

되었답니다.

전염이 심각한 수준에 이르자 정부 당국은 학교 수업, 종교 행사, 백화점, 시장 모든 영역에서 최고 단계의 봉쇄를 내렸습니다. 저는 아무 일도 할 수 없었죠. 노숙자들은 어디서 무엇을 먹고살아야 할지 막막했을 것입니다. 슈퍼, 약국, 시장을 가는 것만 허용했고 그것도 각 가정마다 정부에서 주는 신분증을 소지한 한 명으로 제한했습니다.

저 같은 노인들은 혼자 살아갈 수가 없었습니다. 저는 작은 아들의 운전기사와 같이 살고 있었기에 그를 통해 급한 일을 처리했습니다. 그러니 노숙자를 찾아갈 수도 없고 어디에 있는지도 몰랐습니다. 손을 놓고 있을 수밖에 없었죠.

극빈자들이 일을 못하고 먹을 것도 없음을 알고 물품을 준비하여 기사를 보내 나누어 주곤 했답니다. 소문에 우리가 섬기던 지역에서는 노숙자를 찾아볼 수 없고 '파사이시 마까빠갈'이라는 부촌으로 이동했다고 하더군요. 이들에게 가서 나누어 줄 수는 없었습니다.

그러다가 예방 접종이 시작되고 봉쇄 단계가 내려가자 밥상과 물품을 준비해서 노숙자들이 있다는 지역으로 찾아가서 차창을 열고 나누어 주었죠. 마닐라 노숙자 보호소도 찾아갔습니다.

이런 기간이 2년을 지나가니 예방 접종이 늘어나고 감염자 수가 줄었습니다. 봉쇄 단계가 더욱 낮아지면서 전에 섬기던 지역으로 노숙자를 찾아가면서 섬김을 확대할 수 있었습니다.

나눔을 준비하는 데 경제적인 어려움은 여전하였습니다. 모든 사람들이 어려워지고 교회와 동참했던 사람들도 어려워졌기 때문입니다. 별 뾰족한 수가 없었지만 믿음으로 나아갔습니다. 그랬더니 하나님께서 예비하신 천사들을 때를 따라 보내 주셨습니다. 어쩌면 오늘(2023년 3월 16일)도 그런 가운데 섬겨 갑니다.

코로나 중에 섬김은 말로 다 할 수 없이 어려웠습니다. 그러한 가운데도 하나님께서 도우시고 인도해 주셨습니다. 하나님께서 모든 일을 주관하십니다. 모든 영광을 돌립니다. 할렐루야!

3. 참으로 감사한 일

조이플 선교단에서 섬기던 어느 날이었습니다. 한 한국인 여성 단체에서 몇 사람들이 방문하였습니다. 무슨 트레이딩회의 회장과 십여 명이었습니다.

여러 가지 상품을 우리 노숙자 성도들과 나누기를 원했습니다. 귀한 축복의 헌물이었습니다. 우리가 예배를 준비하는 동안 회원들은 바쁘게 나눌 준비를 했습니다. 저는 이런 때면 기쁘고 힘이 납니다. 기뻐할 성도들의 얼굴이 생각나기 때문이죠.

예배를 마치고 나눔의 시간이 되었습니다. 많은 헌물을 나누려다 보니 질서가 필요했습니다. 방문한 회원들이 다 같이 움직여도 손이 부족하였으므로 우리 봉사자들이 거들었습니다.

어린이부터 노년에 이르기까지 모두 함빡 웃음꽃을 피우며 줄을 서고 받아서 몹시 흡족했습니다. 그중에 냉동차로 실어 온 아이스크림이 있었습니다. 밖에 놔두었기에 아무래도 녹을 듯해서 급히 나누어 주었습니다. 그 자리에서 까먹는데 입이고 손이고 범벅이 되어 웃음이 나왔습니다. 그 모습이 어찌나 행복한지, 풍성한 잔치 같았죠.

_____ 필리핀의 노숙자 선교사

신혜숙 회장님은 오늘까지 갖가지 구제 물품을 봉헌하여 사랑을 나누는 데 협력하셨습니다. 하나님을 사랑하는 자들이 합력하여 선을 이룬다고 하셨는데 그렇게 하나님의 나라가 이루어져 가나 봅니다.

　오늘에 이르기까지 이것이 큰 도움이 되었습니다. 특히 3년의 코로나 기간 중에도 계속 많이 봉헌하셨습니다. 가난한 이웃들, 사방의 노숙자들뿐 아니라 우리 한인 교회까지 큰 혜택을 입었습니다. 라면은 큰 인기였습니다. 맛도 있고 배고픔을 달랠 수 있기 때문입니다.

　이 후원은 지금까지 지속되어 나눔의 섬김에 큰 힘이 되고 있습니다. 이분은 지인이 아니고 전에 한 번도 본 적이 없었습니다. 하나님은 이렇게 사역을 이어 가게 하셨습니다. 할렐루야!

4. 오늘의 고넬료

아름다운 하나님의 말씀이 오늘도 이루어지기에 날마다 행복합니다.

이런 기쁨으로 노숙자들을 섬깁니다.

사도행전 10장에 보면 다음과 같은 이야기가 나옵니다. 가이사랴에 고넬료라 하는 이탈리아 부대의 백부장이 있는데 그는 경건하여 온 집안과 더불어 하나님을 경외하며 백성을 많이 구제하고 하나님께 항상 기도하였습니다. 하루는 환상 중에 하나님의 사자가 와서 고넬료를 불렀습니다. 그가 두려워하여 "주여, 무슨 일입니까?"라고 물으니, 천사가 "네 기도와 구제가 하나님 앞에 상달되어 기억하신 바 되었으니 사람들을 욥바에 보내 베드로, 시몬을 청하라." 하였습니다.

이튿날 베드로가 기도하려 지붕에 올라가니 하나님께서 베드로에게 환상을 보여 주시며 고넬료의 초청을 받으라고 하셨습니다. 이로 인하여 베드로가 고넬료의 집을 방문하여 복음을 전했습니다. 고넬료와 함께 있던 사람들이 복음을 듣고 성령을 받았습니다. 베드로와 함께 간 자들이 이방인들이 구원을 받는 것을 보고 놀랐다고 했습니다.

코로나19 발생 바로 전의 일입니다. 어느 날 작은아들이 말했습니다. "함께 필리핀에서 사업하는 선배 셋이 있는데 그들이 신자는 아니나 아버지가 거리의 사람을 구제하고 돕는 좋은 일을 하니 얼마를 기부하겠다고 합니다." 하나님께서 그들의 마음을 열어 주시고 구제하는 일에 동참하도록 하신 것 같았습니다. 참으로 귀한 일이었죠.

저는 즉시 이들이 바로 오늘날의 고넬료라는 생각이 들었습니다. 그들이 하나님께서 기뻐하는 일을 하였으므로 머잖아 구원의 길로 인도될 것이라 믿습니다. 얼굴을 본 적은 없지만 가끔 감사의 인사를 전합니다. 그러면서 구원의 축복과 가정의 평안과 사업의 번창을 진심으로 기도한답니다. 그들의 선행이 하나님께 기억되어 복을 받기를, 구원받아 하나님

필리핀의 노숙자 선교사

의 자녀가 되기를, 귀하고 복되게 쓰이기를….

5. 주님의 귀한 여종들

사도 바울의 이방 전도를 보면 하나님께서 사랑하는 여인들을 예비하시고 섬김에 합력하게 하셨음을 봅니다. 루디아나 브리스길라처럼 우리 조이플도 이 부족한 사람의 섬김을 위해 사랑하는 딸들을 예비하시고 때를 따라 협력하도록 하셨습니다.

사랑하는 차 집사님은 당시 천주교 신자로 이용 봉사를 했는데 훗날에 알고 보니 그 아버님이 나와 군산상고 동기 동창이었습니다. 참 귀한 인연으로 아버지와 딸이 되어 함께 행복하게 봉사했습니다.

또 다른 분인 채 집사님이 있는데 그의 남편은 골프 여행 사업을 하셨습니다. 그가 어느 날 골프 객을 위한 리조트의 방 몇 개를 우리 찬양대에게 2박 3일간 휴식을 위해 마련해 주셨습니다. 이 일에도 객실인 방에서 머릿니가 발생하여 사업에 지장을 초래한 일도 있었습니다.

채 집사님은 물질로 구제하셨고 무거운 햄버거를 짊어지고 땀으로 적시며 봉사하셨습니다. 세 명의 찬양 대원의 학업을 위해서도 보조하셨습니다. 홍 집사님과 박 집사님께서도 같은 섬김으로 도우셨습니다. 감사합니다.

마이라(Myra) 의사와 함께 일하는 간호사 출신의 이 집사님은 오랫동안 조이플 선교단을 섬기셨으며, 은퇴 후에도 계속하셨습니다. 특히 코로나 가운데에도 먼 길을 마다하고 그랩택시(콜택시)를 타고 오가면서 도와주셨습니다.

어느 한인 교회에 설교차 갔다가 축복의 만남으로 이어진 전 권사님과 백 권사님 부부는 남달리 선교와 구제에 사랑이 가득하셨습니다. 그들의 봉사는 로톤 사역에 버팀목이 되었습니다. 소탈한 모습의 아름다운 부부였습니다.

한국에서 필리핀 방문 중에 조이플 예배와 섬김에 오셨다가 은혜를 받아 기도로 함께 물질을 봉헌하시는 주 권사님, 같은 섬김으로 함께 하신 박 집사님, 최 집사님 고맙습니다.

선교단을 뒤에서 밀어주시며 제자 양성을 위해 기도해 주신 장 장로님과 김 권사님 부부, 해마다 성탄절에 큰 봉헌을 해 주신 미국의 두 윤 자매님의 크신 사랑 감사합니다. 항상 함께 하는 신 전도사님과 숨어서 일하시는 모든 분들에게 고마움을 표합니다.

이러한 동역자들의 섬김은 한낱 일반적인 섬김을 넘은 헌신이었습니다. 이분들도 다 눈으로 보지 못하고 귀로 듣지 못하고 마음으로 생각지 못했던 분이었답니다. 하나님께서 보내 주셨죠. 지금까지도 기도로 지원하십니다. 또한 그분들은 다 영육 간에 풍족하고 윤택하게 살아갑니다. 대가가 아니라 고전2:9 말씀처럼 예비 된 합력자로 쓰이다가 약속된 복을 받아 누리고 나누는 여종들입니다. 그 복이 대대손손 이어지기를 바랍니다.

6. 선교의 버팀목인 승합차

우리 '즐거운 교회·돕는 선교단'은 거리의 사람들, 노숙자를 섬기는 공동체로서 처음부터 교회당 없는 광야 교회로 시작했습니다. 공원이나 거리 구분 없이 형편에 따라 예배와 밥상을 나누는 공동체입니다.

현장에서 텐트를 쳐야 하는데 그에 따른 짐이 많습니다. 텐트, 설치 기구들, 예배 단상, 의자, 햄버거 굽는 철판과 부속 집기, 의료 기구, 기타의 것들을 실어 가서 설치해야 합니다. 마치고 나서는 해체하여 창고로 운반해야 하죠.

그런데 이러한 짐을 운반할 차가 있어야 하는데 구매할 처지가 못 되었습니다. 시작한 날로부터 15년간을 지프니를 임차하여 매 주일 왕복 4-6회씩 운행했습니다. 이 어려움은 말로 표현할 수 없었습니다.

그러던 중 당시 동역하던 김 목사님을 통해 승합차를 헌물로 받았습니다. 조이플의 노숙자를 사랑하는 부부 집사님의 헌금과 어느 감리교회의 선교 헌금으로 마련한 것이죠. 감격했습니다. 얼마나 좋은지? 오랜 세월을 지프니를 나누어 쓰는 것이 너무 힘들었기 때문입니다.

귀하게 쓰다가 7년 후 은퇴하면서 조이플 선교단에 남겼습니다. 제가 은퇴 후에도 개인적으로 노숙자를 섬겼기에 일주일에 2-3회 정도를 사용하기로 했습니다만 어려움이 많아서 사용하기를 포기하고 차량 구입을 위해 쭉 기도했습니다.

하나님께서 우리의 섬김을 사랑하셔서 저의 가족과 사랑하는 자녀들을 감동하여 차를 구입하게 하셨습니다. 코로나로 힘든 기간에 옥합을 깨뜨린 것입니다. 지금 1년 채 되지 않았답니다. 이렇게 귀하게 차를 허락하신 하나님께 감사드립니다. 우리 아버지, 나의 아버지 하나님의 응답하심과 매력에 뿅 가 버렸습니다. 차가 있으니 얼마나 행복한지, 나눔의 봉사가 얼마나 기쁘고 즐거운지요?

그러나 한 가지 우려스러움이 있었습니다. 차가 생겼으나 유지비는 어떻게 해야 할까요? 차를 인도하자마자 자녀 4남매에게서 연락이 왔습니다. 운영비로 매월 50만 원을 마련하여 주겠다고요. 할렐루야!

참으로 하나님의 은혜입니다. 아무리 부모 자식 간이라도 그리 쉽지 않은 일입니다. 하나님께서 허락하셔야만 될 일이죠. 모든 삶과 사역에 하나님의 비밀한 예비와 역사를 체험하며 산답니다. 저는 참으로 행복한 사람인 것 같습니다.

7. 거리 전도의 아쉬움

거리에서 노숙자들에게 빵을 나누어 주는 것은 공식적인 선교 이전부터 하고 있었습니다. 공원, 바닷가, 거리 등 살기에 험한 곳이 그들의 거처이기 때문에 찾아갔습니다.

노숙자들은 일정하게 머물러 살지 않습니다. 거리를 돌면서 먹을 것을 구하고 아무 데서나 잡니다. 때로는 사람들에게 쫓기고 정부 당국의 단속에 이리저리 떠돌며 삽니다. 그래서 그들을 찾아가 섬기는 것이죠.

거리의 나눔은 세 가지가 있습니다. 걸어서 하거나 자전거를 타거나 차량으로 하는 것이죠. 그 순서에 따라 했는데 모두 나름의 의미가 있습니다.

첫째, 걸어서 다닐 때는 힘이 들었지만 그래도 젊어서 견딜 수 있었습니다. 걸어가는 자나 마냥 앉아 있는 자나 잠자는 자, 모두에게 줄 수 있어 좋았습니다.

둘째, 자전거로 할 때는 혼자서 할 수 있어서 좋았습니다. 무거운 빵을 자전거 핸들에 걸쳐 싣고 다녀야 하기에 힘도 들고 위험합니다. 자주 넘어져 크고 작은 사고를 당하고 상처를 입지요. 저는 상처를 볼 때마다 이를 상급의 표시로 여깁니다. 특히 비 오고 바람 치는 날에는 더하답니다. 그럴수록 상급은 쌓이겠죠.

셋째, 차량으로 이동하면서 하는 경우는 멀리 가서 많은 노숙자들에게 나누어 줄 수 있어 좋습니다. 편하기도 하고요. 차로 가다 보면 길이나 잔디밭에서 자는 자들이 있는데 깨우지 않으면 줄 수 없다는 아쉬움이 있죠.

정차하고 가서 전하는데 문제는 제가 관절이 아파 잘 걷지 못한다는 것입니다. 그런대로 힘썼으나 지금은 나이가 들어 절뚝거립니다. 그럴 때는 안타까워서 기사에게 부탁합니다.

그렇게 힘쓰는 가운데서도 자고 있는 노숙자를 스쳐 가는 경우가 있습니다. 교통 체증이면 이러지도 저러지도 못하고 지나칩니다. 그러면 몹시 아쉽고 짠하죠. 이런 차량의 나눔은 여전히 하고 있습니다.

매주 토요일에 공원에서 하는 나눔은 말씀도 전하고 많은 사람들에게 나누어 주어서 좋습니다. 그러나 거리의 나눔은 더 힘들고 어렵기에 은혜와 기쁨이 더합니다.

B. 협력자 가족

많은 고생을 하신 어머니는 제가 목회의 길로 가는 것을 마뜩찮게 여기셨습니다. 그러나 어쩌겠습니까? 하나님의 인도를 받아 신학 공부와 훈련을 받은 후 목사가 되었습니다. 그리고 주신 사명을 감당하기 위해 앞을 바라고 묵묵히 나갔더니 나중에 어머니께서 저의 길을 인정하셨습니다.

4남매가 다 자라 자신의 몫을 하며 조이플 선교를 도왔습니다. 한국에 있는 아내마저 학비와 생활비를 지원하는 등 수고가 많았습니다. 가족이 선교단이라고 할 정도였습니다. 경제적으로 아비의 노릇을 하지 못해 늘 미안합니다.

돌이켜 보건데 힘들고 곤고한 노숙자 사역을 감당하며 여기까지 올 수 있었던 것은 하나님의 말씀을 믿고 행하는 것이었습니다. 어떤 어려움이 있어도 누구에게 말하지 않고 오직 하나님만 의탁하며 담대히 한 걸음, 한 걸음 나갔던 것입니다.

1. 나의 어머니 하나님 품에 안기다

어머니 이야기를 어디에 비교할 수 있을까요? 누구에게나 어머니는 비교할 수 없이 소중하고 아름답고 귀한 분입니다.

저는 아주 작은 농촌 마을에 태어났습니다. 아버지는 공직 생활로 주로 외지에 계셨고 저는 시골에서 살았습니다. 초등학교를 졸업하고 어머니를 떠나 도시로 나와 생활하다가 고등학교 시절에야 온 가족이 도시에서 함께 살게 되었습니다.

어쩌다가 이런저런 일로 가사가 어려워졌습니다. 그러나 저는 대학을 가야겠다는 마음을 단단히 하고 있었죠. 그러다가 앞서 말씀드린 바와 같이 거짓말을 하고 서울로 도망쳤습니다.

저는 5대 독자여서 귀히 여김을 받고 많은 기대를 받고 자랐습니다. 집안에서 출세하고 성공하기를 바라고 효자가 되기를 바랐습니다. 그러나 가정 형편이 어려워 기반을 잡기가 쉽지 않았습니다.

저는 욕심이 많았습니다. 어찌해서라도 대학에 가서 공부하고 출세해야겠다고 다짐하고 이런저런 노력을 했습니다. 마침내 대학을 졸업하고 취직하고 결혼하여 가정을 이루었습니다. 이직을 하여 자리 잡고 부동산으로 제법 많은 돈을 벌었습니다.

그 무렵 아버님께서는 육체에 어려움이 있었습니다. 자식으로 치유되기를 바라고 최선을 다했으나 아쉽게도 61세, 아직 젊은 나이에 돌아가셨습니다.

홀로 계신 어머니는 지난날에 어려운 상처를 많이 받으셔서 정신적으로 안정되지 못하셨습니다. 그래서인지 성격이 달라지셨고 불평을 많이 하셨습니다. 저의 자녀들이 덩달아 불안하기도 했습니다. 아들이 잘되기만 바라던 분이셨는데….

또 보증 등으로 일이 어렵게 되었습니다. 늘 죄송스러웠습니다. 어머니는 같이 살기 불편하다고 따로 사셨습니다. 저도 마음이 아프고 불편해 기도원에 가기로 했습니다. 살아온 날을 성찰해 보려고요. 기도굴에 들어가서 주님을 만나서 크게 회개하고 성령의 세례를 받았습니다. 지내온 인생을 마감하고 새로운 삶을 시작하게 되었습니다. 그렇게도 아내가 원했던 목회자가 되기로 결심하고 뒤늦게 신학을 공부하여 목사가 되었습니다.

목회자가 되는 길은 쉽지 않았습니다. 다른 일들은 뒤로 하더라도 어머니가 반대하셨습니다. 핍박이 심해 몹시 힘들었답니다. 자식이 잘되고 출세하기를 바라셨던 분인데 목사가 된다고 하니 불만이 이만저만이 아니었습니다. 어머니도 우리를 따라 교회를 나오시기는 하셨지만 믿음이 약하다 보니 목회의 길을 이해하지 못하셨습니다.

디구나 필리핀으로 교환 연구차 간다고 하니, 후에 선교사로 머무르게 될 것이 아니냐고 하시며 좋아하지 않으셨습니다. 그렇게 떠나다 보니 자식 노릇을 못한 것 같아 더욱 죄송하였습니다. 특히 경제적으로 도움이 되지 못해 더했습니다. 어머니께서는 불만이 가득하여 불평하셨고 때로는 심해지기도 했습니다. 어쩌다 귀국하면 저를 안 보려고 하셨고 제가 필리핀으로 돌아가는 날에는 아침 일찍 나가 버리셨습니다. 보기 싫다는 것이죠. 이해는 하지만 마음이 많이 아팠습니다.

그렇게 세월이 흘러 어머니께서 80세 중반이 넘자 대개 그렇듯이 약해지셨습니다. 노병에 드러눕게 되고 기력을 잃어 가셨습니다. 아내가 한

_____ 필리핀의 노숙자 선교사

번 오라고 했습니다. 얼마나 사실지 모르니 생전에 뵈어야 한다며… 선교의 일을 잠시 누구에게 부탁하고 귀국했습니다.

어머니는 상태가 매우 나빠져 식사도 용변도 못 하시고 주무시기만 하셨습니다. 이런 상황에서 무엇을 어떻게 해야 하나요? 별 다른 대안이 없었습니다. 돌아가실 가실 때까지 머물러야 할까요? 너무나 안타깝기만 했습니다. 일주일이 지나 열흘이 되었을 때 어머니에게 말씀드렸습니다. "지금 필리핀에 돌아가서 사람들의 생명을 구하는 일을 해야 하기에 갑니다. 그러니 평안히 잘 계십시오." 그리고 기도하고 마닐라로 돌아갔습니다.

돌아와서 아내로부터 소식을 들었습니다. 얼마 전까지만 해도 아내를 원망하고 '너 때문에 내 아들이 목사가 됐다'고 핍박해 오셨던 어머니께서 말씀하시더랍니다. "내가 잘못했다. 네가 용서해라." 그리고 모아 둔 용돈을 자리 밑에서 꺼내 주시면서 목사님이 심방하시면 헌금으로 드린다고 하셨답니다.

참으로 놀라운 은혜요, 기적입니다. 어머니가 그리하셨다는 것은 바로 성령님께서 마음을 여시고 입을 열어 주신 것이 아니겠습니까? 저는 그렇다고 믿습니다. 어머니가 붙잡았던 세상의 일을 내려놓으셨을 때 성령님께서 간섭하시고 주장하신 것입니다.

모든 것을 하나님께 맡기고 사명의 길로 옮겼더니 하나님께서 어머니를 변화시켜 주셨습니다. 그런 일이 있고 한 달 하고 5일이 되던 날 소천하셨다는 소식을 들었습니다. 그 연락을 받았고 급히 선교 일을 합당한 자에게 맡기고 한국으로 돌아왔습니다.

어머님의 영정 앞에서 아들로서 눈물을 흘리다가 영원한 하늘나라로 인도하신 하나님께 감사를 드리고 장례를 치렀습니다. 그리고 바로 사역지로 돌아왔습니다.

2. 사 남매 자녀

저는 5대 독자로 태어났습니다. 아주 귀한 아들이었습니다. 많은 사람들도 그렇게 말하였죠.

점차 자라 대학생이 되었더니 저를 지극히도 사랑하셨던 조모와 모친께서 대학을 졸업하고 곧 장가가야 한다고 하셨습니다. 이는 부모님께서 보통 하신 말씀입니다. 생전에 친손자를 보겠다는 뜻이죠.

때가 되어 결혼했습니다. 결혼 상대에 대한 생각은 많았지만 특히 형제가 많았으면 좋겠다고 생각해 왔습니다. 아내의 형제는 4남 4녀라고 했습니다. 생각했던 조건 중에 하나가 맞았습니다. 그 당시는 믿음이 없었기에 세상적인 생각으로 아내를 선택했습니다. 그러나 중년을 넘기면서 보니 하나님께서 예비하시고 합당한 아내를 주셨다는 것을 알게 되었습니다. 하나님께서 이스라엘 12지파에게 나누어 주신 기업과 같이 말이죠.

결혼을 하니 양친은 빨리 손자를 보시기를 원하셨습니다. 첫 번째로 받은 아이가 딸이었습니다. 아들이기를 바랐다는데…. 다시 두 번째 아이를 받았는데 역시 딸이었습니다. 이렇게 되니 어른들은 엄청 실망하셨습니다. 그러다가 셋째 아이를 받았는데 바라던 아들이었습니다. 이 소식을 들은 어른들은 무리하여 시골에서 비행기를 타고 오셨습니다. 그분들은 대단히 기뻐하셨습니다.

그러나 아들 바람은 계속되었습니다. 그 아들을 6대 독자를 만들어서는 안 된다고 했습니다. 그렇게 하지 않으면 불효 자식이라 하였습니다.

무리한 현실이었으나 아들을 하나 더 주시기를 바라며 기도했습니다. 때가 되어 또 네 번째 아이를 받았는데 다행히 아들이었습니다. 이제 아들이 둘이 되어 6대 독자를 면하게 했습니다.

이 사 남매가 자라는 동안에 저는 성실하고 바람직하지 못했습니다. 그저 그런 아버지로 살았습니다. 친구들과 비교하면 우여곡절이 많은 삶을 살았죠. 어쩌면 마음대로 내 뜻에 취해 살았다고 할까요? 그러다 보니 아내와 자녀들의 삶을 제대로 지켜주지 못했습니다.

그렇게 살다가 부친의 중병과 보증 등 예기치 못한 일로 고난과 연단이 시작되었습니다. 집안에 위기가 닥치자 아내는 죽음을 각오하고 문제 속으로 뛰어들었고 하나님께 매달렸습니다. 또 많은 고생을 하였습니다.

이런 가운데 저는 기도원을 찾아가 큰 체험을 하고 회개하여 성령 충만함을 받아 새사람이 되었습니다. 이런 일로 저는 평소 아내가 기도하고 소망하던 대로 지난날을 청산하고 신학교-아세아신학대학원(예장)-를 졸업하고 목사 안수를 받았습니다. 그 후 잠시 신학교에 있다가 기회가 되어 필리핀의 자매 학교인 유니온 신학교로 교환 연구차 갔습니다. 다시 필리핀으로 가서 하나님께서 주신 사명을 받고 조이플 선교단을 설립하였습니다.

그러니 어머니와 네 자녀에게 더욱더 미안한 마음이 들었습니다. 예전에는 물질 면에서 그런대로 지켜 주었는데, 모든 일이 어려워지면서 그러지 못했지요. 목회자로 새로운 길을 가게 되면서부터는 아무런 수입이 없었습니다. 더구나 갚을 빚이 많아 아내가 무척 고생했습니다.

저는 가장과 아버지로서 책임을 다하지 못하고 죄인의 심정으로 조이플 선교단을 이끌며 섬겨 왔습니다. 그럼에도 네 자녀들은 제 처지를 이

해해 주었습니다. 회개하고 신학을 시작할 때 큰딸이 대학생이 되고 막내아들이 초등학생이었습니다. 이들을 기르고 가르치기가 어려웠습니다. 그 일을 아내가 다 감당해야 했습니다. 너무 힘겨워 둘째로부터 밑으로 셋을 필리핀으로 데려왔답니다. 학비가 저렴했기 때문이죠.

이들이 학생으로서 섬기는 조이플에 한몫을 했습니다. 둘째 딸이 졸업하고 취업해서 받는 급여와 큰아들이 학생으로서 영어 서적을 번역하는 아르바이트 수입으로 도움을 주었습니다. 한국에 있는 아내는 막내의 학비와 생활비를 보내면서 지냈습니다. 가족이 이렇게 섬김에 합력하여 최선을 다했기에 가족 선교단이라고 불리기도 했답니다.

이 자녀들이 다 잘 자라고 학업을 마쳤습니다. 그리고 모두 직장에 다니면서 선교와 저의 생활을 지금까지 돕고 있습니다. 그러기에 저는 항상 자녀들한테 미안한 마음을 갖고 있습니다. 부족한 아버지로 남아 있습니다. 저의 지난날에 대해 네 자녀는 원망이나 한마디의 불평을 하지 않았습니다. 어떻게 해서라도 저와 조이플 섬김에 기쁨으로 최선을 다해 주었습니다. 너무 고맙고 감사해서 많은 눈물을 흘렸습니다. 이런 일들을 겪으면서 하나님의 은혜와 사랑을 더 알게 되었습니다.

그러나 우리 가족 모두가 힘을 합쳐도 결코 오늘의 선교를 이룰 수 없습니다. 성령님께서 주시는 크신 능력과 은혜로 여기까지 올 수 있었다고 고백합니다. '에벤에셀, 하나님께서 여기까지 도우셨다'는 사무엘의 고백을 저의 고백으로 바꾸었습니다.

아무튼 이 자리를 빌어서 사 남매 자녀들에게 진심으로 고맙고 감사하다고 전하고 싶습니다.

3. 잠시 뒤를 돌아보련다

조이플의 노숙자들의 섬김을 뒤돌아봅니다. 참으로 알 수 없고 이해가 안 되었던 일들이 얼마나 많았던지….

겸손으로 하는 말이 아니라 섬기는 일에 얼마나 부족한지를 저는 잘 알고 있습니다. 별로 아는 것도 없고 가진 것도 없기 때문입니다. 노숙자 섬김은 생각조차도 할 수 없었습니다. 더구나 목회자가 되어서 어찌 그런 섬김을 하란 말인가요? 더더욱 어렵죠.

그런 제가 하나님께 사명을 받았습니다. 어떻게 해야 하느냐는 질문에 "나만 믿고 나한테만 구하고 나만 의탁하라."라는 말씀을 들었습니다. 그 말씀을 받아들이고 믿고 마음 판에 새기고 섬기기로 작정했습니다. 그러고 발걸음을 옮겨 노숙자를 찾아 나서고 나누기 시작했습니다.

그렇습니다. 하나님의 말씀에 순종함은 세상의 일이 아닙니다. 학문이나 어떤 논리와 이론, 경험이나 배움의 지식으로 하는 것이 아닙니다. 가진 것이나 직위나 그 어떤 것으로 하는 것도 아닙니다. 오직 말씀을 믿고 순종함으로 하는 것입니다.

그래서 할 수 있다고 확신하고 어찌해서라도 말씀을 의지하여 따라가려고 했습니다. 그러므로 내주하시는 성령님께서 친히 가르쳐 주시고 인도하셨습니다. 간섭하고 감동하시므로 모든 일을 감당하였습니다. 뒤를 돌아보면 아득합니다. 저 같은 사람이 어떻게 여기까지 올 수 있었을까요? '하나님의 도우심이지, 그럼….' 하고 자문자답을 해 보기도 합니다.

힘들고 지치고 실망하고 자빠질 일이 수없이 많았습니다. 그럼에도 누구에게, 아내에게도 입을 열지 않았습니다. 오직 하나님이 나의 눈물과

외로움과 한숨을 아시기에 하나님께만 고하고 의탁하였습니다.

그때마다 하나님은 말씀하셨습니다. "좁은 길로 가라. 광야로 가라. 내가 새벽을 지나 동트는 데로 인도하리라. 사막에 길을 내고 광야 바위에서 물을 내리라. 두려워하고 놀라지 말라, 강하고 담대하라. 네가 어디로 가든지 너와 함께 하리라." 하시며 인도하셨습니다.

예배 시에 안수 기도하는 중에 어떤 자가 갑자기 깨진 콜라병으로 죽이겠다고 하고, 깡패들이 집으로 찾아와 돈을 달라며 협박하고, 이런저런 자들이 조롱하고 핍박하였습니다. 심지어 목회자가 비난하고 정죄하기도 했습니다. 이게 저의 영예를 위해 하는 일인가요? 남다른 목회자처럼 명성이 대단한 것도 아닌데 무엇 때문에 그리하는지 모르겠습니다.

불쌍하고 천대받고 고통당하는 걸인, 노숙자들을 돌보는 저를 비난할 일입니까? 빵 하나, 밥 한 끼로 배고픔을 달래 주는 일이 단죄할 일입니까? 목회에서 가장 작은 자인 저에게 무엇을 얻고 이득을 보려는지요? 곤고하고 아플 때가 많습니다. 그런 때는 좌절하거나 포기하려는 생각을 하여 성령님을 근심시키기도 했습니다.

저만 생각한다면 일 년이나 한 달, 아니 단 며칠도 참지 못하고 관두었을 것입니다. 그러나 날마다 시간마다, 부딪힐 때마다 힘주시는 성령님에게 붙잡혀 용기와 새 힘을 얻고 나갔습니다. 강하고 담대한 발걸음으로 때로는 뚜벅뚜벅 걸으며 가다 보니 여기까지 왔습니다.

이제 팔순이 넘자 몸의 마디마다 아프고 힘듭니다. 그런 가운데도 천국을 소망하며 '그리스도 예수 안에서 할 수 있느니라!' 말씀을 선포하며 사역을 이어 가기를 기도합니다.

하나님의 말씀

여기에 실은 하나님의 말씀은 저의 삶과 사역에 직접 관계된 설교를 뽑아 실은 것입니다. 제가 받아들이고 믿고 행했던 말씀들입니다. 참고하시기를 바라며 각자에게 주신 하나님의 말씀을 자신의 것으로 받아 믿음으로 행하여 능력 있고 풍성하게 사시기를 바라며 함께 은혜를 나누기를 원합니다.

1

풍족하고 윤택하리라

"구제를 좋아하는 자는 풍족하여질 것이요 남을 윤택하게 하는 자는 자기도 윤택하여지리라(잠11:25)."

아멘!!

  우리 모두는 다 풍족하고 윤택하게 살고 싶어 하죠. 그러려면 어떻게 해야 할까요? 복잡하게 생각하는 사람들이 많은 듯합니다. 성경은 아주 간단히 말씀합니다. 풍족해지기를 원하면 구제를 좋아하고 윤택해지기 원하면 남을 윤택하게 하라고 말입니다. 답은 나왔으니 선택은 개인에게 있습니다.
  저는 이미 언급한 바처럼 어느 날 맥도날드에서 신기한 일을 체험했습니다.
  험상궂은 다섯 살 정도의 어린아이가 제가 먹으려는 햄버거를 달라고 창을 두드렸습니다. 가냘픈 손가락으로 두드린 소리가 제 귀에 유리창이 깨지는 듯이 들렸습니다. 저는 벌떡 일어나 창을 보니 손을 입에 대며 빵을 달라는 것이었습니다. 너무도 놀라 정신없이 빵을 들고 나와 그 아이에게 주었답니다.

어찌 그리 큰 소리로 들렸을까? 무척 신비스러워 이를 놓고 오래 기도하였습니다. 그러다가 본문의 말씀이 떠올라서 찾아보았습니다. 생각지 못한 일이 있을 때면 늘 말씀을 묵상했기 때문입니다. 그러면 하나님께서 무언가를 보여 주시고 인도하십니다. 거리의 아이와 사람들, 노숙자들을 구제하고 도우라는 감동이 뭉클 일어났습니다.

또한 평소 저는 풍족한 것을 좋아하고 윤택한 인생을 살기를 바랐습니다. '그렇다 그리하면 되겠다. 구제하고 남을 윤택하게 해야지' 하고 본문의 말씀을 하나님이 주신 것으로 약속을 받았습니다.

그러나 말씀으로 주신 이 사명을 어떻게 감당할 수 있을지? 이런 구제 선교를 어떻게 할 수 있을지 도무지 알 수 없어서 계속 기도하였습니다.

A generous man will prosper;
he who refreshes others will himself
refreshed.
Proverb 11:25.

구제를 좋아하는 자는
풍족하여 질것이요
남을 윤택하게 하는자는
제 ~ 하여 지리로다
잠언 11:25

2

하나님을 찾고 의탁하리라

"나라면 하나님을 찾겠고 내 일을 하나님께 의탁하리라(욥5:8)."

아멘!

욥기의 말씀은 매우 심오합니다. 욥1:1에 보면 욥이라 불리는 사람이 있었는데 그 사람은 온전하고 정직하여 하나님을 경외하며 악에서 떠난 자더라, 이 사람은 동방 사람 중에 가장 훌륭한 자라고 합니다.

어느 날 사탄이 여호와께 왔고 하나님께서는 사탄에게 욥을 온전하고 정직하여 나를 경외하며 악에서 떠난 자라고 자랑하셨습니다. 그러나 사탄은 욥을 고소하죠. "부하게 해 주셔서 그렇지요. 만일 그의 소유물을 치시면 주님 향해 욕할 것입니다." 여호와는 욥의 소유물을 그의 손에 맡기셨습니다.

그러자 욥에게 엄청난 시련이 왔습니다. 자녀들과 여러 종들과 가진 것을 하루에 다 잃어버렸습니다. 그럼에도 욥은 "알몸으로 태어났으니 알몸으로 돌아갈 것이라, 주신 이도 여호와시오, 거두신 이도 여호와시니 찬송을 받으시라."라고 하며 찬양했죠.

그러나 욥도 인간으로서 한계를 벗어나기가 어려웠죠. 친구들이 욥의 형편을 보러 찾아왔으나 욥인 줄도 몰랐습니다. 그의 심한 고통을 보고 아무도 말을 하지 못했습니다. 욥은 고통이 심해져 입을 열어 자기의 생일을 저주했죠. 얼마나 고통스러웠을까요? 아마 그 말을 뱉을 때 죽을 각오도 했을 것입니다.

친구들은 위로는커녕 도리어 정죄합니다. 죄가 있어서 그런 것이 아니냐고. 엘리바스는 "너는 부르짖어 보라. 네게 응답할 자가 어디 있겠느냐? 나라면 하나님을 찾겠고 내 일을 하나님께 의탁하리라."라고 했습니다. 욥의 신앙을 의심하면서 하나님을 의지하라고 다그치는 말이라 하겠습니다.

엘리바스가 욥에게 그렇게 말할 처지는 안 되지만, 하나님께서 엘리바스를 통해 욥의 믿음을 격려하는 면도 있습니다. 욥의 믿음을 확인시켜 더 큰 믿음을 갖게 하심이라고 할까요?

저는 맥도날드에서 유리창 노크 사건으로 3일간의 기도 중에 성령님의 감동으로 잠11:25의 말씀을 받았다고 했습니다. 거리의 사람들의 영혼 구원과 삶을 도우라는 그것이 저의 사명이었습니다.

아는 것도 가진 것도 없었기에 어떻게 해야 할지 기도해 왔습니다. 그 응답으로 본문 욥5:8 말씀을 받았답니다. 읽는 순간 '나한테만 구하고 의탁하라'고 하신 이 구절이 눈에 확 박혔습니다. 그렇지 전지전능하신 하나님, 나의 아버지께 구하고 의탁하면 되겠구나, 암 그렇게 해야지 하고 다짐했습니다.

그래서 지난 30여 년간 노숙자들을 섬기는 모든 일에 결코 어느 누구에게도 도움을 청하거나 의지하지 않았습니다. 오직 그 말씀대로 하나님만 의지하였더니 오늘까지 은혜로 이끌어 주셨습니다. 이것이 저의 고백입니다. 모든 일을 하나님께서 하셨습니다. 주님께 영광을 돌립니다.

3

기도 외에는 이런 일이

"이르시되 기도 외에 다른 것으로는 이런 종류가 나갈 수 없느니라(막9:29)."

아멘!

본문은 예수님께서 베드로와 야고보를 데리고 높은 산으로 가셨을 때 하신 말씀입니다.

예수님께서 산에 오르셔서 그들 앞에서 변형되셨는데 양옆에 엘리야와 모세가 나타나 더불어 말하였습니다. 제자들은 이를 보고 몹시 무서워하며 무슨 말을 할지 몰랐습니다. 구름이 와서 그들을 덮으니 그 속에서 소리가 들렸습니다. "이는 내 사랑하는 아들이니 너희는 그의 말을 들으라." 이는 예수님이 하나님의 아들이심을 선포한 것입니다.

이일 후에 예수님께서 베드로와 야고보와 함께 하산하셨습니다. 마을에는 나머지 제자들과 서기관들이 서로 변론하고 있었습니다. 무리 중한 사람이 "귀신 들린 아들을 데리고 와서 제자들에게 쫓아 달라 하였으나 그들이 하지 못하더이다." 했습니다. 예수님께서는 제자들이 이런 문제 하나를 해결하지 못하느냐고 책망하셨습니다.

사람들이 아이를 데리고 오니 귀신이 그를 심한 경련을 일으키게 하는 것이 아닙니까? 아이 아버지가 요청했습니다. "할 수 있거든 불쌍히 여기셔서 도와주소서!" 예수님께서는 '믿는 자에게는 능치 못 할 일이 없다'고 하시며, 귀신을 꾸짖어 쫓아내셨습니다. 그 아이의 손을 잡아 일으키시니 언제 그랬느냐는 듯 멀쩡하였습니다.

이에 제자들이 물었습니다. "우리는 어찌하여 귀신을 쫓아내지 못하였나이까?" 이르시되 "기도 외에 다른 것으로는 이런 종류가 나갈 수 없느니라." 하셨습니다.

이 사건에서 말씀하신 기도에 대해서 묵상해 보았습니다. 기도는 하나님께 드리는 말이지만 믿음을 담아 고해야 합니다. 그런 믿음의 고백에 하나님께서 역사하십니다. 전능하신 하나님을 믿고 전적으로 의탁하고 구해야 한다는 것이죠.

제자들은 예수님을 따르면서 아직껏 예수님이 하나님이심을 몰랐습니다. 다만 이스라엘을 로마에서 구하는 민족의 지도자쯤으로 생각했습니다. 아직 성령이 임하지 않았죠. 그래서 그들은 귀신을 쫓아내지 못하였던 것입니다.

그러나 저는 이 말씀을 믿고 날마다 삶 속에서 선포합니다. 하나님의 일은 영으로만 할 수 있기에 기도 없이는 할 수 없답니다. 기도로 하나님의 능력을 임하게 할 수 있고 그 능력이 일하게 됩니다. 그러므로 기도는 한 번만 하고 마는 것이 아니고 삶의 모든 영역에서 쭉 이어서 해야 합니다.

숨 쉬는 것과 같이 항상 하나님과 교제하는 것이죠. 우리가 드리는 기도는 다 이루어집니다. 우리의 생각대로 되면 기도가 이루어지고 응답이 없으면 이루어지지 않았다고 하지만 그렇지 않습니다. 기도는 믿고 하는 것이요 응답은 반드시 있죠. 이루어진 것이나 안 이루어진 것도 하나님의 응답입니다. 응답의 여부는 하나님의 권한이죠.

기도는 잠깐 하는 것이 아니고 항상 해야 합니다. 때가 되면 반드시 이루어 주십니다. 그렇게 믿고 기도해야 합니다.

저는 이것을 알기에 지난날의 노숙자 섬김에서 날마다 모든 일에 기도했습니다. 그랬더니 때를 따라 허락하고 인도해 주셔서 감당할 수 있었답니다. 그런 일을 경험하고 받은 증거가 많기에 언제나 무시로 성령님으로 기도하려고 합니다.

아프시다
가슴에 떠든 것들은
다 털 쫑드라가 나갔습
없드라라 히셔버라
매가복음 9::29.

4

오직 믿음으로

"믿음은 바라는 것들의 실상이요 보이지 않는 것들의 증거니…
내가 무슨 말을 더 하리요? 기드온, 바락, 삼손, 입다, 다윗 및
사무엘과 선지자들의 일을 말하려면 내게 시간이 부족하리로다
(히11:1, 32)."

아멘!

저는 스스로를 목회자로 여기고 말하기보다는 하나님의 택함을 받은
사명자로, 하나님을 믿는 신앙인으로 말하고 바라보기를 먼저 합니다.
그런 믿음으로 살아가면 목회자로서 삶과 섬김을 더 잘할 수 있을 것이라
생각하기 때문입니다.

여기에서 '믿음'이 얼마나 귀하고 소중한지요! 말씀에서 믿음을 날마다
조명해 봅니다. 하나님은 우리의 육으로는 볼 수 없고 알 수도 말할 수도
없지요. 오직 말씀을 통해서 믿음으로만 하나님과 우리 구주 예수 그리
스도를 알 수 있습니다. 그러기에 믿음이 중요하지요.

모두가 믿음으로 살 수 있기를 바랍니다. 믿음이 없이는 자신의 존재도 알 수 없고 참 가치도 모릅니다. 하나님의 능력이나 복이나 힘을 얻을 수도 없습니다. 특별히 하나님의 자녀들은 믿음이 없이는 아무것도 할 수 없습니다. 은밀히 이루어지는 하나님의 일과 뜻을 알 수 없습니다. 달리 말하면 믿음으로 하지 아니하면 아무것도 알 수 없고 할 수 없습니다.

히11장은 믿음의 장입니다. 구약의 족장들, 믿음의 사람들이 모두 다 하나님의 명령과 일들을 믿음으로 했다고 증언하고 있습니다.

믿음은 바라는 것들의 실상이요, 보이지 않는 것들의 증거니 선진들이 이로써 증거를 얻었느니라. 믿음으로, 믿음으로, 믿음으로….

4절부터 시작하여 31절까지 계속되지요. 32절에 "내가 무슨 말을 더 하리요 기드온, 바락, 삼손, 입다, 다윗 및 사무엘과 선지자들의 일을 말하려면 내게 시간이 부족하리로다."라고 말씀하고 있습니다.

이 말씀을 묵상하면서 저는 믿음의 역사에 놀라 할 말을 잃었습니다. 성경을 아무리 보아도 지식, 학문, 신학, 학벌, 경험, 배경, 물질, 가진 것으로 했다는 말씀은 찾아볼 수 없습니다. 모두 믿음으로 했다고 합니다.

그럼 믿음이란 무엇일까요? 바로 하나님을 알고 명령에 순종하는 것입니다. 말씀이 안 맞아도, 아무런 이유와 조건이 없어도 말씀을 의지하고 따른다 함입니다. 그 믿음에 하나님의 능력이 덧입혀져 나가는 것입니다.

저도 여느 믿음의 사람보다 믿음은 작지만 분명한 것은 노숙자들의 구원을 위한 말씀 선포와 섬기는 일에 대해서는 믿음으로 했다고 자부합니다.

고백하지만 결코 다른 것으로 하지 않았습니다. 머리를 굴릴 생각조차 하지 않았습니다. 말씀을 지키며 믿음으로 나갔을 뿐입니다. 그랬더니 함께 하시는 성령님께서 이끌어 주셨습니다.

믿음으로
믿음으로
무엇 맡은 더 하리오

히브리서

11:32.

5

말씀에 의지하여

"시몬이 대답하여 이르되 선생님 우리들이 밤이 새도록 수고하
였으되 잡은 것이 없지마는 말씀에 의지하여 내가 그물을 내리
리이다(눅5:5)."

아멘!!

하나님의 말씀은 능력이 있습니다. 오늘은 참으로 놀라운 능력의 말씀을
봅니다. 예수께서 게네사렛 호숫가에서 말씀을 가르치실 때의 일입니다.

물가의 두 배에서 어부들이 나와서 그물을 씻는 것을 보셨습니다. 시
몬의 배를 빌려 타고 나가 앉아 해변의 무리들을 가르치셨습니다. 말씀
을 마치시고 시몬에게 깊은 데로 가서 그물을 내려 고기를 잡으라고 하셨
죠. 배를 사용한 대가로 하신 말씀일 것입니다.

시몬이 "선생님, 우리들이 밤이 새도록 수고하였으되 잡은 것이 하나도
없습니다. 그렇지만 말씀에 의지하여 내가 그물을 내리이다." 하고 순종
했더니 고기가 심히 많이 잡혀 그물이 찢어질 지경이었습니다. 할렐루야!

시몬 베드로는 바닷가에서 자라 잔뼈가 굵은 어부였습니다. 고기잡이에 대해서는 전문가였습니다. 그는 예수께서 하시는 말씀이 이해가 되지 않았을 것입니다. 고기가 없는 깊은 데로 가라 하시니 말입니다. 의아했을지라도 전혀 이의를 제기하거나 불평하지 않고 바로 말씀에 의지하여 그물을 내렸습니다.

아, 그랬더니 잡은 고기가 심히 많아 그물이 찢어지려 했습니다. 이에 다른 배에 있는 동무들에게 손짓하여 도움을 구했습니다. 그들이 와서 끌어올리니 두 배에 가득 채워 잠기게 되었다는 것입니다. 놀랍고 놀라운 일입니다.

더 놀라운 사건이 일어났습니다. 시몬 베드로가 이를 보고 예수님의 무릎 아래에 엎드려 "주여! 나를 떠나소서. 나는 죄인이로소이다."라고 고백했습니다. 함께 하던 모두가 고기 잡힌 것에 놀랐죠. 예수님께서 시몬에게 이르시되 "무서워하지 말라, 이제 후로는 네가 사람을 취하리라." 하셨습니다. 그들은 배들을 육지에 대고 모든 것을 버려두고 예수님을 따랐다고 했습니다.

본문에서 시몬의 겸손과 순종, 믿고 따르는 모습을 봅니다. 말씀에 의지하여, 행동으로 옮겼더니 상상을 초월한 사건을 보았습니다. 더 놀라운 것은 시몬이 예수님 앞에 엎드려 자기가 죄인이라고 고백한 것입니다. 베드로와 함께 한 자들도 배와 물고기, 가진 재산을 다 버리고 예수님을 따름으로 영원한 복을 받게 되었습니다.

저도 이 말씀을 받고 순종한 베드로처럼 제게 주신 말씀으로 온전히 받아 오늘까지 순종해 왔습니다. 그러므로 주 예수 그리스도를 증거하고 노숙자들의 섬기는 사역을 감당할 수 있었답니다. 오직 말씀에 의지하여, 능력을 받아 봉사했다는 것을 고백합니다.

　하나님의 일은 다른 어떤 것으로 할 수 없습니다. 오직 말씀에 순종함으로 할 수 있습니다. 말씀이 생명이요, 능력이요, 말씀만이 자아를 내려놓고 자신을 재발견할 수 있게 합니다.

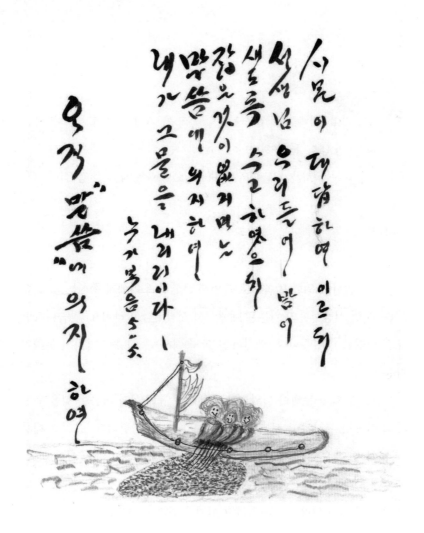

6

거룩한 산 제사를

"그러므로 형제들아 내가 하나님의 모든 자비하심으로 너희를 권하노니 너희 몸을 하나님이 기뻐하시는 거룩한 산 제물로 드리라. 이는 너희가 드릴 영적 예배(spiritual worship)니라(롬12:1)."

아멘!

참으로 놀랍고 귀한 말씀으로 특별히 오늘날 우리에게 주시는 것 같습니다. 우리 신앙생활의 기본은 예배에서 시작된다고 하지요. 맞습니다만 조금 아쉬움이 있습니다. 왜냐하면 삶 속에서 큰 영향을 미치지 못하기 때문이죠.

우리는 교회 공동체의 일원으로서 예배를 통해 몸과 마음이 힘을 얻고 교회 안에서 봉사하며 성도 간의 교제를 나누어야 합니다. 그리고 세상에 나가 주 예수 그리스도를 증거하고 하나님의 뜻을 따라 살아야 하죠. 그렇게 하나님의 나라를 이루어 가는 것입니다. 강조하건대 세상에서 빛과 소금이 되어 사람들을 사랑하고 섬겨야 한다는 것이죠.

안타깝게도 현실에서는 교회 안에서는 잘 지내는데 밖에서는 그러지 못한다는 것입니다. 도리어 세상 사람과 별로 다름이 없습니다. 그들보다 더 한다는 말을 듣기도 합니다.

롬12:2에 너희는 이 세대를 본받지 말고 오직 마음을 새롭게 함으로 변화를 받아 하나님의 선하시고 기뻐하시고 온전하신 뜻이 무엇인가를 분별하도록 하라고 하셨습니다. 다시 말하면 먼저 교회 공동체 안에서 말씀과 기도로 변화와 능력을 받고, 우리의 삶 속-직장에서나 사업이나 온갖 것-에서 산 제물이 되어야 한다는 것입니다. 그렇게 살 때 하나님께서 기뻐하시는 산 제사(living sacrifice)요, 영적 예배가 된답니다.

또한 우리는 성전으로 살아 있는 교회가 되어야 합니다. "너희 몸은 너희가 하나님께로부터 받은 바 너희 가운데 계신 성령의 전인 줄을 알지 못하느냐? 너희는 너희 자신의 것이 아니라 값으로 산 것이 되었으니 너희 몸으로 하나님께 영광을 돌려라."라고 하지 않습니까? 아멘! 그렇습니다. 우리 각자가 성전입니다. 성령님이 거하시는 성전 말이에요. 신앙 공동체 안에서나 밖에서 모두 성별되게 살아야겠습니다.

다시 말씀드리지만 우리는 교회에서는 물론 세상에서도 구별된 하나님의 자녀로 살아야 한답니다. 즉 하나님께서 기뻐하고 선히 여기시는 삶이 되도록 해야 한다는 것입니다. 목사와 제직들도 교회 안에서뿐만이 아니라 세상에서도 직분자처럼 살아야 합니다. 하나님께서도 그렇게 바라실 겁니다. 그렇게 할 때 썩어 가는 세상을 바로잡고 죽어 가는 영혼을 살릴 수 있죠. 살맛 나는 세상을 만들어야겠습니다.

저는 선교 사역에서뿐 아니라 평소의 삶에서도 말씀을 의지하여 살기로 노력했습니다. 구별된 하나님의 자녀로 합당하려고요.

그러므로 형제들아 내가
하나님의 모든 자비하심으로
너희를 권하노니 너희 몸을
하나님이 기뻐하시는 거룩한
산 제물로
드리라 이는 너희가
드릴 영적 예배니라

그러므로 12:1.

7

순종의 복을

"오직 그 말씀이 네게 매우 가까워서 네 입에 있으며 네 마음에 있은즉 네가 이를 행할 수 있느니라(신30:14)."

아멘!

많은 사람들이 하나님을 믿고 그분의 자녀라면서 하나님의 명령과 말씀을 따르고 지키는 것이 아주 어렵다고 말합니다. 신명기 30장은 복과 저주에 대한 말씀입니다. 결론부터 말씀드리면 우리는 하나님의 약속대로 하늘과 땅에서 복 있는 자가 되기를 소망합니다. 그러기 위해서는 말씀을 지키고 따라야겠죠.

11절에 '내가 오늘 네게 명령한 이 명령은 네게 어려운 것도 먼 것도 아니라'고 하시면서 이어 말씀하셨습니다.

'하늘에 있는 것이 아니니 네가 이르기를 누가 우리를 위하여 하늘에 올라가 그의 명령을 우리에게로 가져와서 우리에게 들려 행하게 하랴 할 것이 아니요, 이것이 바다 밖에 있는 것이 아니니 네가 이르기를 누가 우

리를 위하여 바다를 건너가서 그의 명령을 우리에게로 가지고 와서 우리에게 들려 행하게 할 것도 아니라.'

14절에 '오직 그 말씀이 네게 매우 가까워서 네 입에 있으며 네 마음에 있은즉 네가 이를 행할 수 있느니라.' 말씀하셨습니다. 매우 어려운 것도 힘든 것도 아니라, 네 입과 마음에 있어 네가 할 수 있다 하셨습니다. 입으로 시인하고 시행하면 할 수 있다는 것입니다.

15-16절에 '보라 내가 오늘 생명과 복과 화를 네 앞에 두었나니 곧 내가 오늘 네게 명령하여 네 하나님 여호와를 사랑하고 그 모든 길로 행하며 명령과 규례와 법도를 지키라 하는 것이라. 그리하면 네가 생존하여 번성할 것이요. 또 네 하나님 여호와께서 네가 거기서 차지할 땅에서 네게 복을 주실 것이니라'고 약속하셨습니다.

17-18절 상반에 '그러나 네가 만일 돌이켜 듣지 아니하고 유혹을 받아 다른 신들에게 절하고 섬기면 오늘날 너희에게 선언하노니 너희가 반드시 사망할 것이라'고 경고하셨습니다.

19절에 '내가 하늘과 땅을 두고 증거하겠다'고 하시며, '생명과 사망, 복과 저주를 네 앞에 두었은즉 너와 네 자손이 살기 위하여 생명을 택하라'고 너무나도 분명하게 말씀하셨습니다.

저도 과거에 하나님의 말씀을 지키는 것이 매우 어렵고 제 생각에 맞지 않다고 여기고 무시하여 어둠과 사망 가운데 살았습니다. 믿고 크게 변화 받은 후에 이 말씀을 깨달았습니다. 말씀이 가까운 내 입에 있고 마음에 있다고…. 성령님의 감동으로 새롭게 되어 말씀을 믿고 생명과 복을 받았고, 하나님의 인도로 사명을 감당할 수 있었습니다.

_____ 필리핀의 노숙자 선교사

오직 그 말씀이
네게 매우 가까워서
네 입에 있으며
네 마음에 있은즉
네가 이를 행할 수 있느니라

신명기 30:14

8

나 된 것은 하나님의 은혜라

"그러나 내가 나 된 것은 하나님의 은혜로 된 것이니 내게 주신
그의 은혜가 헛되지 아니하여 내가 모든 사도보다 더 많이 수
고하였으나 내가 한 것이 아니요 오직 나와 함께 하신 하나님의
은혜로라(고전15:10)."

아멘!

고전15:3 이하에서 바울은 깊은 고백을 합니다.

'주 예수 그리스도께서 죽으시고 다시 살아나셔서 부활하심을 게바에
게 보이시고, 후에 열두 제자, 그 후에 오백여 형제에게 일시 보이셨고,
그 후에 야고보에게 보이시고 그 후에 모든 사도와 맨 나중에 만삭되지
못하여 난 자 같은 내게도 보이셨느니라. 그리고 나는 작은 자라, 하나님
의 교회를 박해하였으므로 사도라고 칭함 받기를 감당하지 못할 자니라.
내가 사도가 되어 수고한 것은 오직 나와 함께 하신 하나님의 은혜로라.'

저는 이 말씀에 큰 감동과 은혜를 받았기에 그 후로부터 모든 삶과 일

이, 특별히 조이플 선교의 모든 섬김이 저와 함께 하신 하나님의 은혜라고 고백하고 모든 사람들에게 증언했습니다. 은혜가 아니었다면 어찌 노숙자들의 영혼을 구하고 구제하는 일을 감당할 수 있었을까요? 저 같은 사람이 하리라고는 도저히 생각할 수 없습니다.

뒤돌아보면 저 같은 사람, 하나님을 부인하고 교회를 판단하던 자가 어찌 하나님의 자녀가 되고 일꾼이 될 수 있었는지요. 끊임없이 자문합니다. 발바닥의 때밖에 안 되는 제가 바울의 고백을 어떻게 따라 할 수 있겠습니까만 '만삭이 되지 못하여 난 자'라는 말씀은 마치 제게 해당되는 것 같습니다. 아주 늦은 나이에 하나님께서 사랑으로 만나 주시고 성령의 역사로 거듭나게 하시고 선교 사역을 맡겨 주셨으니 가장 작은 자가 아니겠습니까?

온 삶이 하나님의 은혜라는 말을 날마다 하지만 그 깊이는 표현할 수 없음을 느낍니다. 무슨 일을 하든 어떠한 형편에 있든 하나님의 은혜로 사는 것이 가장 귀하고 복된 삶이죠.

높고 위대하신 말씀 하나님께서 이 땅에 오사 십자가에서 죽으시고 부활하셨습니다. 그 고귀한 보혈로 죄를 씻으시고 영원한 생명을 주시고 하나님의 거룩한 자녀로 삼아 주셨습니다. 하늘과 땅의 권세를 주시고 하늘나라를 건설하게 하셨으니 그 은혜가 얼마나 크고 놀라운지요. 할렐루야! 찬양합니다.

이 사람은 그 은혜를 마음속 깊이 담고 기도를 줄곧 했습니다. 하나님의 은혜에 무한한 감사를 드리며 앞으로도 은혜로 살아가기를 간절히 바라고 기도합니다. 아멘!

그러나 내가 나 되것은 하나님의
은혜로 되것이니 내게 주신 그의
은혜가 헛되지 아니하여 내가 모든사도
보다 더 많이 수고 하였으나 내가 한것이
아니요 오직 나와 함께
한나님의 은혜로라

고린도전서 15:10

9

요단강을 가르고

"요단이 곡식 거두는 시기에는 항상 언덕에 넘치더라. 궤를 멘
자들이 요단에 이르며 궤를 멘 제사장들의 발이 물가에 잠기
자…(수3:15)."

아멘!

하나님께서 모세를 통하여 이스라엘 백성을 구하고 광야를 거치면서
여호수아를 후계자로 예비하여 이끌어 가게 하셨습니다.

여호수아가 백성들을 인도하여 요단강을 건너기 전에 그들에게 말했
습니다. "너희는 자신을 성결하게 하라. 여호와께서 기이한 일들을 하시
리라." 그리고 제사장들에게는 "언약궤를 메고 백성을 앞서서 건너라."라
고 했습니다.

당일에 여호와께서 여호수아에게 말씀하셨습니다. "오늘부터 시작하여
너를 온 이스라엘의 목전에서 크게 하여 내가 모세와 함께 있었던 것 같
이 너와 함께 있는 것을 그들에게 알게 하리라. 너는 언약궤를 멘 제사장

들에게 명령하여 너희가 요단 물가에 이르거든 요단에 들어서라고 하라."

여호수아는 순종하여 이스라엘 자손에게 전했습니다. "보라, 온 땅의 주 여호와의 언약궤가 너희 앞에서 요단강을 건너가나니… 주의 궤를 멘 제사장들의 발바닥이 요단 물을 밟고 멈추면 요단 물 곧 위에서부터 흘러내리던 물이 끊어지고 한 곳에 쌓여 서리라."

드디어 백성이 요단을 건너려고 자기들의 장막을 떠났습니다. 제사장들은 언약궤를 메고 백성 앞에 나아갔죠. 곡식 거두는 시기에 요단은 항상 언덕에 넘쳤답니다. 궤를 멘 제사장들의 발이 요단 물가에 잠기자 곧 위에서부터 흘러내리던 물이 그쳤습니다. 사르단에 근처이며 매우 멀리 있는 아담 성읍 변두리 한 곳에 쌓였습니다. 아라비아바다, 염해로 향하여 흘러가는 물이 온전히 끊어지므로 백성이 여리고 앞으로 바로 건넜습니다. 여호와의 언약궤를 멘 제사장들은 요단 가운데 마른 땅에 굳게 섰고 모든 백성은 마른 땅을 밟고 요단강을 건너갔더랍니다. 할렐루야!

이 위대한 사건의 가르침은 본문 그 자체입니다. 하나님께서 기적을 일으키셨습니다. 여호수아가 명령을 받고 전하고 제사장과 백성들은 모두 그대로 행했죠. 비록 믿기지 않고 두렵기도 했겠으나 명령을 믿고 순종하므로 기적을 볼 수 있었습니다. 15절에 '궤를 멘 자들의 발이 물가에 잠기자' 했죠. 믿음과 순종으로 한 발짝 옮길 때 물이 그치는 놀라운 일이 일어났습니다. 우리의 삶에도 똑같이 적용됩니다. 말씀을 의지하여 순종하여 한 발짝 옮기면 문제가 해결되고 일은 이루어집니다.

저는 노숙자 섬김에 대해 말합니다. 그 사명을 제가 감당할 수 없음을 알기에 오직 말씀에 순종하며 그대로 행했던 것입니다. 하나님의 도움으로 모든 일을 할 수 있었죠. 다시 증거합니다. 믿음을 그대로 행동으로 옮길 때 할 수 있다고. 어떤 다른 것으로는 할 수 없습니다. 아멘!!

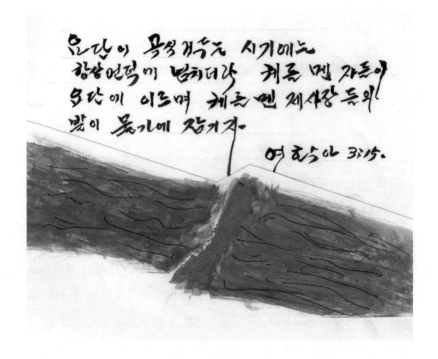

10

여호와는 나의 목자시니

"여호와는 나의 목자시니 내게 부족함이 없으리로다(시23:1)."

아멘!!

다윗 왕의 하나님께 한 믿음의 고백 한 마디에 저의 고백이 다 들어 있는 것 같습니다. '여호와는 나의 목자, 나는 그의 양이니 부족함이 없다' 말 안에 말이죠.

절대적 존재이신 예수 그리스도께서는 스스로 선하고 참된 목자라고 선언하셨습니다(요10:11). 그러므로 양인 우리는 부족함이 없답니다. 주님이 우리 인생의 전부입니다. 그가 우리를 푸른 초장에 누이시며 쉴 만한 물가로 인도하십니다. 초식 동물인 양에게는 푸른 풀이 생존의 기본입니다. 초장과 물가로 인도하신다는 것은 풍성하고 안락한 삶을 보장한다는 것이죠. 예수 그리스도 안에 지고한 복된 삶이 있습니다.

주님은 우리 영혼을 소생시키시고 우리의 몸과 영혼을 새롭게 하십니다. 자기의 이름을 위하여 창조하시고 구속하시고 옳은 길로 인도하십니

_____ 필리핀의 노숙자 선교사

다. 그러므로 삶의 모든 영역이 주님의 영광을 위한 무대가 되어야겠습니다.

우리는 사망의 음침한 골짜기로 다닐지라도 해를 입지 않을 것입니다. 앞서가시는 주님께서 지팡이와 막대기로 보호하고 인도하시기 때문입니다. 골짜기는 연단을 위한 고난에 불과하죠.

그리고 주님께서 원수의 목전에서 상(table)을 베푸시고 머리에 기름을 부으셨습니다. 자녀 된 우리에게 음식(언약과 말씀)을 나누게 하시니 그 은혜가 넘친답니다.

우리 평생에 선하심과 인자하심이 반드시 우리를 따르리니 우리가 여호와의 집에서 영원히 살 것입니다. 하나님의 선하심과 인자하심이 우리의 사는 날까지 함께 합니다. 이 땅뿐 아니라 천국에서도 영원히 거할 것입니다.

바로 이 고백이 하나님에 대한 다윗 왕의 고백입니다. 그는 '내 마음에 합한 자, 마음에 꼭 드는 자라'고 인정받은 자였죠. 모두가 이 시편을 좋아하듯이 저도 좋아합니다. 양이 된 저의 존재가 확인되고, 모든 삶과 조이플의 섬김에 힘과 위로가 되기 때문입니다. 기쁠 때나 슬플 때, 어려울 때나 힘들 때도 이 말씀으로 기뻐하고 힘을 얻습니다.

나의 복지 되신
하나님 이시며
나의 남은 인생의 삶에서
지키시고 인도하여
주시기를 소망하며
의탁하옵니다.

11

지극히 작은 자에게

"임금이 대답하여 이르시되 내가 진실로 너희에게 이르노니 너희
가 여기 내 형제 중에 지극히 작은 자 하나에게 한 것이 곧 내게
한 것이니라 하시고(마25:40)."

아멘!!

하나님께서는 오늘도 진리의 말씀을 주십니다. 마31-46의 결론부터 봅
니다. '악인은 영벌에, 의인들은 영생에 들어가리라'는 판결입니다. 주님
께서 자기 영광으로 다시 오셔서 모든 민족을 심판하실 때에 있을 일을
양과 염소의 비유로 말씀하셨습니다.

그때 오른편에 있는 자들에게 '내 아버지께 복을 받을 자들이여 창세로
부터 예비 된 나라를 상속받으라. 내가 주릴 때와 목마를 때 먹고 마시게
하였고, 나그네일 때 영접하였고, 헐벗을 때 옷을 입혔고, 병들었을 때 돌
보았고, 옥에 갇혔을 때 와서 보았느니라'고 하실 것입니다.

이에 의인들이 언제 그리했냐고 묻고 임금은 '너희가 내 형제 중에 지

극히 작은 자에게 한 것이 곧 내게 한 것이라' 하신답니다.

다시 왼쪽에 있는 자들에게 말씀하신답니다. '저주를 받을 자들아 나를 떠나 마귀와 그 사자들을 위해 예비 된 영원한 불에 들어가라. 나그네 되었을 때에 영접하지 아니하였고, 헐벗었을 때에 입히지 아니하였고, 병들었을 때와 옥에 갇혔을 때에 돌보지 아니 하였느니라'고요.

그들도 우리가 언제 그리하였느냐 물을 것입니다. 임금이 '내가 진실로 너희에게 이르노니 이 지극히 작은 자 하나에게 하지 않은 것이 곧 내게 한 것이니라' 하신답니다. 끝으로 악인들은 영벌에, 의인들은 영생에 들어가라고 선언하신답니다.

이것은 주님께서 우리에게 주신 교훈입니다. 하나님의 백성인 우리는 마땅히 가르침대로 살아야 합니다. 힘들고 고통받는 자들에게 선행을 베풀어야죠. 그렇게 하는 것은 곧 주님께 한 일과 같답니다. 바로 주님께서 가난한 자들 가운데 계심을 알려 주는 것이죠.

어디에 하나님이 계실까? 어떻게 하나님께서 일하실까요? 우리 하나님 께서는 온 우주 만물에 편만하시며 모든 인간과 함께하십니다. 모든 만물을 창조하시고 그 존재를 위해 일하십니다. 그중에서 가장 어렵고 고통받는 자와 함께 하신답니다. 그런 하나님께서 가장 낮은 자를 사랑하고 돕고 보살피라고 하셨습니다. 그렇게 한 자들을 의인이라 하시고 영원한 하늘나라로 가게 하신답니다.

그러므로 우리는 주님께서 말씀하신 대로 어려움에 처한 자들에게 예수 그리스도의 이름으로 선을 행하고 구제해야겠습니다. 저는 이것을 깨닫고 조이풀 선교를 통해 거리의 노숙자들을 섬겼습니다. 작은 나눔이지만 하나님께서 역사하심을 믿고 최선을 다해 왔습니다. 왜냐하면 그것이 하나님의 명령이요 말씀이기 때문입니다.

임금이 대답하여 이르시되
내가 진실로 너희에게 이르노니
너희가 여기 내 형제 중에
지극히 작은 자 하나에게
한 것이 곧 내게 한 것이니라 하시고
마태복음 25:40

12

큰 물고기의 배 속에서

"그러나 요나가 여호와의 얼굴을 피하려고 일어나 다시스로 도
망하려 하여 욥바로 내려갔더니 마침 다시스로 가는 배를 만난
지라 여호와의 얼굴을 피하여 그들과 함께 다시스로 가려고 뱃
삯을 주고 배에 올랐더라(욘1:3)."

아멘!!

참으로 놀라운 일이었습니다. 이미 고백하였듯이 저는 상고 2학년 때
에 거리를 거닐다 천둥 같은 종소리에 이끌려 교회를 나가게 되었죠. 가
정 형편상 대학에 진학할 수 없어 상고를 다니고 있었는데 교회 친구들이
모두 대학을 진학하려고 공부하는 것을 보고 도전을 받았습니다. 대학에
가겠다고 꿈을 꾸었습니다. 도저히 그럴 상황이 아니었고 아무런 길이
없었지만요.

당시 신문 배달 아르바이트를 하다가 우연히 사무실에 버려져 있는 신
문을 보았습니다. 서울에 있는 어느 신학원에서 학비와 숙식을 무료로

학생을 모집한다는 광고가 눈에 띄었습니다. 어쩌면 서울로 가서 진학의 발판으로 이용할 수 있겠다는 생각이 들었습니다. 목사가 된다는 생각은 전혀 없었죠. 그래서 갖은 거짓말로 신학교에 입학하였고 몇 개월 있다가 도망쳐 나왔습니다. 그리고 알바를 하는 등 고생하여 대학을 졸업하고 세상으로 나갔었죠.

저는 조심스럽게 그때 일을 돌아보곤 합니다. 하나님께서 그때 저를 부르신 것이 아닌가 하고 생각합니다. 그것은 하나님의 주권적인 섭리로 비밀스런 계획과 인도였다고 지금 깨닫습니다. 저는 그때 알지 못하고 요나처럼 멀리 도망갔죠.

저는 오늘 본문에서 요나를 바라보았습니다. 하나님께서는 요나에게 '큰 성읍 니느웨로 가서 외치라. 그들의 악독이 내 앞에 상달 되었음이니라'고 하셨습니다. 그러나 요나는 여호와의 얼굴을 피하여 다시스로 도망하려고 했습니다. 욥바로 가서 다시스로 가는 배를 만나 올랐죠.

여호와께서 큰 바람을 바다 위에 내리시자 폭풍이 일어나 파선지경이 되었습니다. 사공들이 두려워하여 자기의 신들을 부르고 배를 가볍게 하려고 물건을 바다에 던지고 소동을 벌였죠. 그런데 요나는 배 밑층에서 누워 깊은 잠에 빠져 있었습니다. 선장이 요나를 깨워 신원을 묻고 네 하나님께 구하라고 요청했습니다.

선원들은 누구 때문에 이런 재앙이 왔는지 제비를 뽑았습니다. 요나가 뽑히는 것이 아니겠습니까? 그들이 요나에게 묻자 자복했죠. 자신이 하나님의 말씀을 거역하고 도망갔기 때문이라고….

그들은 풍랑을 멈추려고 노력하다가 어쩔 수가 없자 마침내 요나를 들어 바다에 던졌습니다. 아, 그랬더니 흉용하던 바다가 곧 잠잠해지는 게 아닙니까?

바다에 빠진 요나는 여호와께서 예비하신 큰 물고기에게 삼켜 밤낮 삼일을 그 배 속에 있었습니다. 요나는 그 안에서 기도하여 회개하고 소망을 품었습니다. '내가 주의 목전에서 쫓겨났을지라도 다시 주의 성전을 바라보겠다'고 하면서요. 이에 여호와께서 그 물고기에게 말씀하셔서 요나를 육지에 토하게 하셨습니다. 하나님의 은혜가 크십니다.

그 시절에 신학교를 보내신 것이 하나님의 뜻이었을 텐데 저는 깨닫지 못했습니다. 불신앙 가정이었고 하나님과 교회가 너무 생소했기 때문이었습니다. 세상의 욕심에 관심이 많기도 했고요. 그 부르심을 깨닫지 못하고 세상으로 나갔다가 많은 풍파를 만나 어려움을 당했죠. 그러다가 비바람과 풍랑이 넘치는 바다에 빠져 버리고 말았죠. 하나님께서 기도원의 물고기를 예비하셔서 회개하고 성령으로 거듭나게 하시고 다시 신학교로 보내셨습니다. 요나의 기도는 끊임없는 훈련으로 연단 받던 저의 지난날의 심정을 나타내는 것 같습니다.

"물이 나를 영혼까지 둘렀사오매 깊음이 나를 에워싸고 바다풀이 내 머리를 감았나이다. 내가 산의 뿌리까지 내려갔사오며 땅이 그 빗장으로 나를 오래도록 막았사오나 나의 하나님 여호와여! 주께서 내 생명을 구덩이에서 건지셨나이다. 내 영혼이 내 속에서 피곤할 때에 내가 여호와를 생각하더니 내 기도가 주께 이르렀사오며 주의 성전에 미쳤나이다. 거짓되고 헛된 것을 숭상하는 모든 자는 자기에게 베푸신 은혜를 버렸사오나 나는 감사하는 목소리로 주께 제사를 드리며 나의 서원을 주께 갚겠나이다. 구원은 여호와께 속하였나이다."

요나의 기도를 때때로 묵상하며 저를 용서하고 회복시켜 주신 하나님께 감사합니다. 늘 고백하듯이 저는 목회자나 선교사라기보다 용서받고 구원받은 사람, 하나님의 자녀로서 감격하고 감사합니다. 그래서 온 삶의 현장에서 성도, 하나님의 자녀로 살아가기를 소망한답니다.

13

내가 약할 때 도리어

"그러므로 내가 그리스도를 위하여 약한 것들과 능욕과 궁핍과 박해와 곤고를 기뻐하노니 이는 내가 약한 그때에 강함이라 (고후12:10)."

아멘!

고후12:1-11은 사도 바울의 크고 놀라운 영적인 고백인데 부족한 저로서는 말씀을 나누기가 조심스럽습니다. 그러나 하나님의 비밀스런 교훈이 있기에 감히 전하려고 합니다.

바울이 하늘나라, 삼층천을 다녀왔다는데 어떻게 갔을까요? 자기를 객관화하여 다음과 같이 말했죠.

"내가 그리스도 안에 있는 한 사람을 아노니 그는 14년 전에 셋째 하늘에 이끌려 간 자라(그가 몸 안에 있었는지 몸 밖에 있었는지 나는 모르거니와 하나님은 아시느니라) 그가 낙원으로 이끌려 가서 말로 표현할 수 없는 말을 들었으니 사람이 가히 이르지 못할 말이로다.

내가 이런 사람을 위하여 자랑하겠으나 나를 위해서는 약한 것들 외에 자랑하지 아니하리라. 내가 만일 자랑하고자 하여도 어리석은 자가 되지 아니할 것은 내가 참말을 함이라.

그러나 누가 나를 보는 바와 내게 듣는 바에 대하여 지나치게 생각할까 두려워하여 그만두노라. 여러 계시를 받은 것이 지극히 크므로 너무 자만하지 않게 하시려고 내 육체에 가시, 곧 사탄의 사자를 주셨으니 이는 나를 쳐서 너무 자만하지 않게 하려하심이라.

이것이 떠나가게 하기 위하여 세 번 주께 간구하였더니 나에게 이르시기를 내 은혜가 네게 족하도다. 이는 내 능력이 약한 데서 온전하여 짐이라. 그러므로 도리어 크게 기뻐함으로 나의 여러 약한 것들에 대하여 자랑하리니, 이는 그리스도의 능력이 내게 머물게 하려 함이라."

참으로 놀라워 묵상만 할 뿐 말하기가 조심스럽고 두렵습니다. 사도 바울은 낙원을 다녀와서 '말로 표현 할 수 없는 말을 들었다'고 했습니다. 어떤 사람들이 하늘나라를 갔다 왔다 하면서 이런저런 말들을 합니다. 그들의 말에 대하여 옳으니 그르니 언급하기 어렵습니다. 바울이 '보고 들은 것을 사람의 말로 표현 할 수 없다' 하였으니 저는 그처럼 말씀으로만 하늘나라를 믿습니다.

바울이 이 체험으로 나름으로 자랑할까 하여 하나님께서 육체에 가시를 주셨는데 이것은 놀라운 비밀입니다. 가시는 어떤 육체의 질병인데 사탄의 사자라고 표현했죠. 어쩌하든 자만하여 넘어지지 않도록 제어하기 위함입니다.

바울은 하나님께 세 번이나 떠나기를 간구하였으나 '내가 주는 은혜가 네게 족하다. 내 능력이 너의 약한 데서 온전하여짐이라. 이는 그리스도의 능력이 너에게 있게 하려노라'고 하셨습니다. 그래서 바울은 넘어지지 않고 하나님의 사역을 계속할 수 있었습니다.

바울의 기도를 생각해 봅니다. 낫게 해 달라는 간구는 거절하시고 가시를 그냥 두셨습니다. 거절로 응답하신 것이죠. 기도의 응답은 하나님에게 있습니다. 우리는 구할 뿐이요 응답은 하나님께서 하신다는 것입니다. 이를 깨달은 후로는 저는 믿고 그저 기도를 계속해 갑니다. 주시는 것도 안 주시는 것도 다 하나님의 응답입니다.

바울은 그 가시로 인해 겸손하게 되어 능력을 유지하였고 놀라운 고백을 하였죠. '그러므로 내가 그리스도를 위하여 약한 것들과 능욕과 박해와 곤고함을 기뻐하노니 내가 약한 그때에 강함이라.' 저도 그의 고백을 따라 어떤 고난이 오더라도 참고 나가려고 합니다.

여러 계시는 받은 것이 지극히 크므로
너무 자만하지 않게 하시려고 내 육체에
가시 곧 사단의 사자를 주셨으니
이는 나를 쳐서 너무 자만하지
않게 하려 하심이라

고린도후서 12:7.

14

먼저 광야로

"또 나보다 먼저 사도 된 자들을 만나려고 예루살렘으로 가지 아니하고 아라비아로 갔다가 다시 다메섹으로 돌아갔노라(갈1:17)."

아멘!

본문은 개인적으로 뒤늦게 목회자가 된 자로서 큰 놀라움과 감격과 은혜를 받았던 말씀입니다. 바울은 자신을 고백하기를 갈1:1에 사람들에게서 난 것도 아니요, 사람으로 말미암은 것도 아니요, 오직 예수 그리스도와 그를 죽은 자 가운데서 살리신 하나님 아버지로 말미암아 사도 된 바울이라고 하였습니다. 바울은 다메섹에서 부활하신 예수께서 직접 부르셨다고 하시며 갈1:11 이하에 말합니다.

"형제들아 내가 너희에게 알게 하노니 내가 전한 복음은 사람의 뜻을 따라 된 것이 아니요, 배운 것도 아니요, 오직 예수 그리스도의 계시로 말미암은 것이라 내가 이전에 유대교에 있을 때 행한 일을 너희가 들었거니와 하나님의 교회를 심히 박해하여 멸하고 내가 내 동족 중 여러 연갑

_____ 필리핀의 노숙자 선교사

자보다 지나치게 믿어 내 조상의 전통에 대하여 더욱 열심히 있었으나 내 어머니의 태로부터 나를 택정하시고 그의 은혜로 나를 부르신 이가 그의 아들을 전하기 위하여 그를 내 속에 나타내시기를 기뻐하셨을 때에 내가 곧 혈육과 의논하지 아니하고 나보다 먼저 사도 된 자들을 만나려고 예루살렘으로 가지 아니하고 아라비아로 갔다가 다시 다메섹으로 돌아갔노라." 아멘! 할렐루야!

'그 후 삼 년 만에 내가 게바를 방문하려고 예루살렘에 올라가서 그와 함께 올라가서 그와 함께 십오 일을 머무는 동안 주의 형제 야고보 외에 다른 사도를 보지 못하였노라'고 하다니요? 참으로 놀랍습니다.

바울은 주님의 부름을 받았을 때에 혈육과 의논하지 않고 그보다 먼저 사도 된 자들을 만나려고 예루살렘으로 가지도 않았습니다. 다만 아라비아로 갔다가 다시 다메섹으로 돌아왔다고 했습니다.

또 비록 뒤늦게 부름을 받았으나 어머니의 태로부터 사역을 위해 택함을 받았다고 말하니 얼마나 심오한 깨달음인지요? 예수 그리스도를 이방에 전하기 위한 사명을 받았으나 어떻게 해야 하는지를 혈육과 이야기하지 않았답니다. 참으로 대단하죠. 더구나 선배 사도들도 만나지 않고 아라비아로 갔다니요. 먼저 거기서 연단을 받고 주님을 만나고 능력을 받으려 했던 것입니다.

사도들을 먼저 만났다면 무슨 조언을 받았겠지만 그러지 않고 영적인 훈련을 받겠다는 믿음이 놀랍습니다. 그것도 자그마치 3년 6개월 동안이었습니다.

저는 이 말씀을 묵상하며 오늘날 우리의 모습을 바라봅니다. 주의 종으로 목사나 선교사가 되겠다고 신학 대학에서 공부합니다. 마치고 나서 곧바로 사역을 하겠다고 하지요. 더 이상 훈련이나 연단을 받지 않으려고 합니다. 그래서는 사역을 감당할 수 없습니다. 우선 자기를 부인하고 영육 간의 훈련을 받아야 합니다.

내가 곧 혈육과 의논하지 아니하고
또 나보다 먼저 사도된
사도된 자들을 만나려고
예루살렘으로 가지 아니하고
아라비아로 갔다가
다시 다메섹으로 갔노라

갈라디아서
1:16-17.

_____ 필리핀의 노숙자 선교사

15

오직 성령의 능력으로

"내가 너희 중에서 예수 그리스도와 그가 십자가에 못 박히신
것 외에는 아무 것도 알지 아니하기로 작정하였음이라(고전2:2)."

아멘!

사도 바울은 예수 그리스도를 만나기 전의 자신을 다음과 같이 말하였습니다. 빌3:4 이하에 나옵니다.

"그러나 나도 육체를 신뢰할 만하니 만일 누구든지 다른 이가 육체를
신뢰할 것이 있는 줄로 생각하면 나는 더욱 그러하리니 나는 팔 일 만에
할례를 받고 이스라엘 족속이요, 베냐민 지파요, 히브리인이요, 율법으로
는 바리새인이요, 열심으로는 교회를 박해하고 율법의 의로는 흠이 없는
자라."

그는 가말리엘 문하의 사람으로서 세상에서 대단한 학자였습니다. 빌
3:7 이하에서 쭉 이어 가며 고백합니다.

"그러나 무엇이든지 내게 유익했던 것을 내가 그리스도를 위하여 해로

여길뿐더러 또한 모든 것을 해로 여김은 내 주 예수 그리스도를 아는 지식이 가장 고생하기 때문이라. 내가 그를 위하여 모든 것을 잃어버리고 배설물로 여김은 그리스도를 얻고 그 안에서 발견되려 함이니 내가 가진 의는 율법에서 난 것이 아니요 오직 그리스도를 믿음으로 말미암은 것이니 곧 믿음으로 하나님께로부터 난 의라."

그의 변화는 대단하여 말로 표현하기 어렵습니다. 변화 후에 그가 얼마나 하나님을 의지했는지를 말하고 있습니다. 고전2:1 이하에서 밝히고 있습니다.

"형제들아 내가 너희에게 나아가 하나님의 증거를 전할 때에 말과 지혜의 아름다운 것으로 아니하였나니 그것은 내가 너희 중에서 예수 그리스도와 그가 십자가에 못 박히신 것 외에는 아무것도 알지 아니하기로 작정하였음이라. 내 말과 내 전도함이 설득력 있는 지혜의 말로 하지 아니하고 다만 성령의 나타나심과 능력으로 하여 너희 믿음이 사람에 있지 아니하고 다만 하나님의 능력에 있게 하려 하였노라."

사도 바울은 하나님을 증거할 때 자신의 지식이나 경험이나 가진 것으로 하지 않고 오직 성령으로 그리스도와 십자가를 전했답니다.

저는 이 말씀을 의지하여 조이플 선교와 노숙자와 말라떼(섬기는 지역 근처) 외에는 알지 않기로 작정했다고 조심스레 말씀드립니다. 사역을 위해 어떠한 곳도 가지 않고 어떤 모임도 멀리했죠. 이 지역 외의 어느 곳도 알려고 하지 않고 어디로 가려고도 하지 않았답니다. 그리고 다른 어떤 것을 전하지 않고 오직 예수 그리스도와 십자가를 전했습니다. 지난 30여 년 전부터 지금까지 변함이 없답니다.

되돌아보니 이 또한 하나님의 은혜였습니다. 그 은혜로 오늘까지 왔다고 말하고 싶습니다. 이런 각오로 사역하였기에 바울처럼 저도 고백합니다. 말과 전함이 지혜의 말로 하지 않고 다만 성령의 나타나심과 능력으로 하였다고. 제가 알거나 가지고 있는 무엇이 아니고 오직 성령님의 능력으로 사역했다고 다시 고백합니다.

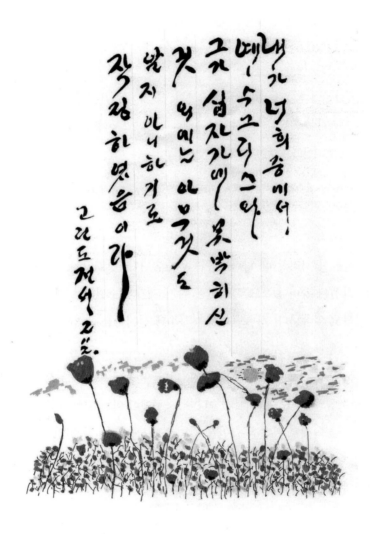

16

도우시는 하나님, 에벤에셀

"사무엘이 돌을 취하여 미스바와 센 사이에 세워 이르되 여호
와께서 여기까지 우리를 도우셨다 하고 그 이름을 에벤에셀이
라 하니라(삼상7:2)."

아멘!

사사들이 치리할 때 나라가 어지러웠습니다. 삿21:25을 보면 '그때에
이스라엘에 왕이 없으므로 사람이 각기 자기의 소원대로 행하였더라'고
말씀하고 있습니다. 하나님께서는 사무엘 선지자를 예비하시고 그를 통
해서 사울을 왕으로 세우셨죠.

본문은 왕이 세워지기 전의 사건입니다. 본문을 통해 도우시는 하나님
과 사무엘의 고백을 살펴보겠습니다. 사무엘이 이스라엘 온 족속에게 마
음을 여호와께로 향하여 그만을 섬기라고 하며 집회를 열었습니다. "미
스바로 모이라. 내가 너희를 위하여 기도하리라." 그들이 모여 그날 종일
금식하고 여호와께 죄를 자복하였습니다.

_____ 필리핀의 노숙자 선교사

그때 블레셋인들이 이스라엘을 침공하는 것이 아닙니까? 백성들은 사무엘에게 부르짖어 자신들을 구원하라고 요청하였습니다. 사무엘이 여호와께 부르짖으매 응답하셨습니다.

블레셋인들이 이스라엘과 싸우려고 가까이 올 때에 여호와께서 그들에게 우레를 발하여 어지럽게 하시고 패하여 물러가게 하셨습니다. 사무엘이 추격하여 그들이 물러간 곳, 미스바와 센 사이에 돌을 세웠습니다. 그것을 '에벤에셀'이라 하였는데 여호와께서 여기까지 우리를 도우셨다는 뜻입니다. 할렐루야!

저는 하나님의 은혜와 도우심으로 살아왔습니다. 어느 말씀도 믿어 은혜를 입으며 살았지만 특별히 오늘 이 말씀, 사무엘의 '에벤에셀'을 저의 고백으로 바꾸어 날마다 기억하며 살아갑니다.

80세가 넘기까지 살아왔던 길을 돌아보면 너무나 큰 은혜입니다. 이 죄인을 부르고 용서하시고 구별하여 하나님의 아들로 삼아 주셨습니다. 그러나 저는 하나님의 뜻을 불순종하고 거역하였습니다. 그럼에도 하나님은 끝없는 사랑으로 용서하고 이끄셔서 사명을 주셨습니다.

필리핀으로 보내시고 강권적인 역사로 봉사하게 하셨습니다. 부족한 저를 거리의 사람, 노숙자들의 영혼을 구원하게 하시고 나눔으로 섬기게 하시니 더욱 큰 은혜입니다.

저는 마닐라 베이(로하스 볼리바드)에서 시작하여 5년간 봉사하다가 시청 앞 공원(보니파시오 슈라인)으로 옮겨 섬기다가 75세에 은퇴하였습니다. 그 후에 개인적으로 6년째 섬김을 이어 오고 있습니다. 그 30여 년을 지나는 동안 하나님께서 쭉 지켜 주셨습니다.

제 경우에 로하스와 보니파시오의 사이에 믿음의 영적인 기둥을 세웠습니다. 그리고 여기까지 인도해 주신 것에 감사하여 '에벤에셀'이라 고백하며 살아오고 있답니다. 앞으로 하나님께서 부르시는 날까지 작은 모습으로 섬기겠습니다. 아픈 다리로 뚜벅뚜벅 걸으며 섬기다가 주님이 부르시는 날 "에벤에셀! 아멘!"이라고 고백하고 떠나렵니다.

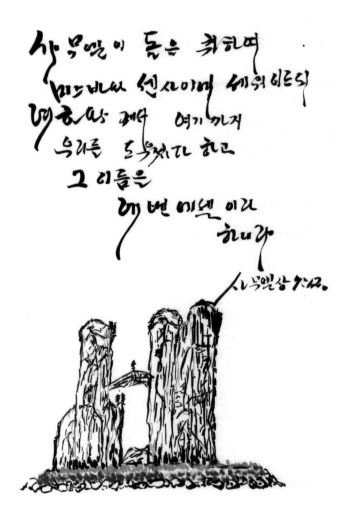

_____ 필리핀의 노숙자 선교사

17

강하고 담대하게

"여호와의 군대 대장이 여호수아에게 이르되 네 발에서 신을 벗
으라. 네가 선 곳은 거룩하니라 하니 여호수아가 그대로 행하니
라(수5:15)."

아멘!!

개인적으로 성령 세례를 받은 후로 저도 모르게 여호수아에게 하신 말
씀을 참 좋아하며 오늘까지 왔습니다. 그래서 그런지 지난날의 여러 가
지로 힘들고 어려울 때 나름대로 강하게 살려고 했습니다. 은혜를 깨달
은 후 하나님의 모든 말씀으로 살았습니다만 특히 여호수아의 이 말씀을
좋아하며 힘을 얻고 도전하며 살아왔음을 밝힙니다.

수1:8-9에 '율법을 묵상하고 지켜 행하고 강하고 담대하라, 두려워하지
말며 놀라지 말라. 어디를 가든지 네 하나님께서 너와 함께 하시리라'고
하셨죠. 이 중에서 '강하고 담대하라'는 말씀을 묵상하고 지켜 갔더니 진
정으로 강하고 담대하게 되었습니다.

여호수아가 모세를 이어 백성을 이끌고 요단강을 건너 가나안 땅으로 들어갔습니다. 여호수아와 백성들은 지난 힘든 일들을 다 마치고 이제 모든 일이 잘되리라고 생각했습니다. 그런데 여리고 성(문제)을 마주하게 되었습니다. 여호수아가 여리고를 살피려고 가까이 갔을 때 한 사람이 칼을 빼어 들고 마주 서는 것이 아닙니까?

여호수아가 나아가서 물었습니다. "너는 우리를 위하느냐, 우리의 적들을 위하느냐?" 하니 그가 이르되 "아니라 나는 여호와 군대 대장으로 지금 왔느니라." 하셨습니다. 여호수아가 얼굴을 땅에 대고 엎드려 절하니 "네 발에서 신을 벗으라. 네가 선 곳은 거룩하니라." 하셨습니다. 여호수아는 그대로 했죠.

이 말씀은 우리에게 주는 것이기도 합니다. 뒤돌아보면 저는 중, 고, 대학을 다 마치고 직장도 가지고 결혼도 하였습니다. 가정을 꾸려 자녀도 얻고 가르치며 돈도 벌고 많은 부러움을 받았습니다.

힘들고 어려운 삶이 다 지나 이만하면 됐다 하고 사는데 어느 날 보니 문제가 일어나고 어려움이 닥치는 것이 아니겠습니까? 다 끝난 것이 아니었습니다. 그래서 다시 눈을 들어 하나님을 뵙게 되었습니다. 그분은 저를 위에 오신 성령님으로, 저를 지키고 도우려 하셨습니다.

하나님의 군장은 도우시기 위해서는 여호수아에게 신발을 벗으라고 하십니다. 우리도 신발을 벗어야 합니다. 거룩하신 하나님과 함께 하기 위해서는 지난날의 더러움을 버리고 정결하게 되어야 합니다. 그렇게 새롭게 될 때에 하나님께서 삶을 지켜 주신답니다.

여호수아는 그대로 순종했습니다. 그리고 여리고 성을 함락시켰죠. 일곱 번째에 제사장들이 나팔을 불 때에 여호수아가 백성에게 명했죠. "외처라! 여호와께서 너희에게 이 성을 주셨느니라." 그랬더니 여리고 성이 와르르 무너졌습니다.

우리도 하나님께서 주신 말씀을 그대로 순종하여 나가면 승리할 수 있습니다. 때를 따라 나타나는 여러 가지 문제들이 해결됩니다. 하나님께서 여호수아에게 "강하고 담대하라. 두려워하지 말며 놀라지 말라. 어디로 가든지 너와 함께 하리라." 하신 것처럼 우리에게도 말씀하십니다.

저는 이 말씀을 믿고 함께 하시는 성령님을 의지하여 삶과 사역을 밀고 나갔습니다. 조이플의 섬김을 저의 의지와 생각으로 이룬 것이 결코 아닙니다. 오직 도우시는 하나님을 굳게 믿고 강하고 담대하게 나가므로 이루었습니다.

여호와의 군대 대장이 여호수아에게 이르되 네 발에서 신을 벗으라 네가 선 곳은 거룩하니라 하니 여호수아가 그대로 행하니라

여호수아 5:15

18

이때를 위함이 아닌지

"이때에 네가 만일 잠잠하여 말이 없으면 유다인은 다른 데로 말미암아 놓임과 구원을 얻으려니와 너와 네 아버지 집은 멸망하리라 네가 왕후의 자리를 얻은 것이 이때를 위함이 아닌지 누가 알겠느냐(에4:14)."

"당신은 가서 수산에 있는 유다인을 다 모으고 나를 위하여 금식하되 밤낮 삼 일을 먹지도 말고 마시지도 마소서 나도 나의 시녀와 더불어 이렇게 금식한 후에 규례를 어기고 왕에게 나아가리니 죽으면 죽으리이다 하니라(에4:16)."

아멘!

바사제국 아하수에로 왕 때의 일입니다. 무슨 일인지 왕후가 폐위되고 새 왕후를 택하기 위해 조서가 내려졌습니다. 각 지방에 관리들에게 명하여 아리따운 처녀들을 구하고 몸을 정결케 하도록 했습니다. 왕이 보고 아름다운 처녀를 왕후로 뽑고 좋아했습니다. 이야기는 이렇습니다.

도성 수산에 유다인 모르드개란 자가 있었습니다. 하닷사(에스더)의 삼촌이었죠. 부모가 없는 그를 자기 딸같이 곱고 아리땁게 양육하였죠. 에스더도 왕후 후보로 나갔습니다. 모르드개는 그에게 자기의 민족과 종족을 말하지 말라고 당부했습니다. 아마 식민지 출신이라 불리할 것이라 여겼기 때문이겠죠.

왕의 조서가 반포되매 처녀들이 모였는데 담당 신하 헤개가 에스더를 좋게 보고 은혜를 베풀었습니다. 몸을 정결하게 할 물품과 일용품을 주고, 왕궁에서 의례로 주는 일곱 궁녀와 함께 후원의 아름다운 궁으로 옮겼답니다. 때가 되어 에스더가 왕 앞에 인도되니 왕이 모든 여자보다 그녀를 더 사랑하므로 머리에 관을 씌우고 새 왕후로 삼고 잔치를 베풀었답니다.

모르드개 이야기를 더 하겠습니다. 당시 그는 대궐 정문에서 일하였습니다. 왕이 하만이라는 자의 지위를 높여 모든 대신 위에 두었습니다. 대궐의 모든 신하가 왕의 명령대로 하만에게 꿇어 절하였습니다만 모르드개는 그러지 않았습니다. 이유는 그가 이스라엘의 철천지원수인 아각인이었기 때문입니다.

하만은 모르드개가 유대인인 줄을 알고 민족 모두를 말살하려 했습니다. 모르드개가 이 계획을 알고 옷을 찢고 굵은 베옷을 입고 재를 뒤집어쓰고 성중에 나가서 대성통곡을 하였습니다. 그리고 에스더에게 알려 민족을 구하라고 하였습니다. "네가 왕후의 자리를 얻은 것이 이때를 위함이 아닌가?" 만약 모른척하며 홀로 목숨을 건지려고 생각하지 말라고 경고도 했습니다.

에스더는 모르드에게 유다인을 모아 금식 기도를 부탁하고 죽으면 죽으리라 각오하였습니다. 왕의 허락 없이 나가면 죽는다는 관례를 무시하고 왕에게 나갔습니다. 다행히 왕은 그를 어여삐 여겨 만나 주었습니다. 왕을 만나서 하만의 음모를 고하므로 유대인을 살렸습니다. 하만은 장대에 달려 죽고 그 무리들은 정한 날에 살해되었답니다. 하나님께서는 에스더와 모르드개의 믿음을 보시고 왕을 간섭하여 유대인을 구해 주셨습니다.

모르드개가 고난받는 중에 하나님께서 왕에게 잠을 허락하지 않고 역대의 일기를 보게 하셨습니다. 암살자의 음모를 알린 모르드개의 공을 알고 보상도 하게 하셨습니다. 하만을 말구종 삼아 왕관을 쓰고 왕의 말을 타고 성내를 도는 것이었죠. 그리고 나중에 하만을 대신하여 총리로 삼았답니다.

저는 이 말씀을 받은 후로 삶과 조이플 섬김이 어렵고 힘들 때마다 '이때를 위함이 아닌가?' 하고 힘을 냈습니다. 또 '죽으면 죽으리라'는 각오로 행동하였습니다. 주님께서는 죽고자 하면 산다고 하십니다. 우리 모두 이 말씀을 의지하여 행하여 봅시다. 그리하면 반드시 영광을 보게 될 것입니다.

이 때 픔 위함이 이
일지 ···

죽으면 죽으며 구으리이다

에쓰더
4장 14 · 16.

19

자족하기를 배웠으니

"내가 궁핍하므로 말하는 것이 아니라 어떠한 형편에든지 나는 자족하기를 배웠노니 나는 비천에 처할 줄도 알고 풍부에 처할 줄도 알아 모든 일 곧 배부름과 배고픔과 풍부와 궁핍에도 처할 줄 아는 일체의 비결을 배웠노라(빌4:11-12)."

아멘!

사도 바울은 어떻게 이런 고백을 할 수 있을까요? 바울은 주님께서 이방을 위해 택한 그릇이라 하셨습니다. 그는 이방 전도에서 수많은 핍박과 고난 가운데서 감옥살이를 하면서도 복음을 전한 주님의 증인이었습니다.

그는 세상에서 유대교 지도자로 부족함이 없이 살았던 사람이었고 율법의 열심으로 기독교를 핍박하고 교인들을 죽이는 데 함께 했죠. 그러나 그가 부활하신 예수님을 다메섹의 길에서 만나고 회심하고 이방의 전도자가 되었습니다.

_____ 필리핀의 노숙자 선교사

그의 사역이 방대하므로 어느 한 구절로 그에 대해 말할 수 없지만 오늘 주시는 그에 대한 말씀을 함께 묵상하며 은혜를 나누고 싶습니다.

사도 바울이 자족하기를 배워 어떤 처지에도 초탈할 수 있다고 했습니다. 그 방법이 무엇인가를 알고 우리의 고백이 되도록 해야겠습니다. 본문의 말씀을 영적으로 받아들여야 합니다. 육적으로 보아서는 결코 알 수 없습니다. 왜냐하면 하나님의 말씀이 영적이기 때문입니다.

우선 바울이 세상에 살았을 때 위와 같이 말할 수 있었겠습니까? 현실에 맞지 않아 그렇게 말할 수도 없었을 것입니다. 이해할 수도 없었겠죠. 궁핍하고 비천하고 주린데 어찌 자족할 수 있을까요? 어떻게 모든 처지에 자족하다고 할 수 있을까요? 그럴 수 없습니다. 그러나 그는 비천이나 풍부에 처할 수 있는 일체의 비결을 배웠다고 했습니다. 배부름과 주림, 풍부와 궁핍에도 자족할 수 있다고 말입니다.

바울이 그렇게 말할 수 있는 것은 수많은 핍박과 고난으로 연단을 받았기 때문이 아닐까요? 바울은 넓은 길이 아니라 좁은 길을 걸었고 화려한 집의 꽃방석이 아니라 황량한 광야에서 지냈습니다. 헐벗고 굶주리며 잠 못 자고 투옥되고 매도 많이 맞았죠. 그렇게 약해졌을 때 주님께서 찾아와 위로하고 힘을 주셨습니다. 함께 하시는 성령님의 능력을 덧입어 육체의 소욕을 버릴 수 있었습니다.

바울은 자신이 약할 때에 강해진다고 말하기도 했죠. "그러므로 내가 그리스도를 위하여 약한 것들과 능욕과 궁핍과 박해와 곤고를 기뻐하노니 이는 내가 약한 그때에 강함이라(고후12:10)." 곤경을 기꺼이 받아들이고 모든 것을 내려놓을 때 성령님께서 역사하시기 때문입니다.

그러므로 우리도 모든 것을 내려놓고 주님을 의지한다면 능력을 입을 수 있습니다. 바울은 13절에 '내게 능력 주시는 자 안에서 내가 모든 것을 할 수 있느니라'고 했습니다. I can do everything through him who gives me strength.

저도 노숙자 섬김에 너무 부족함을 알고 있기에 오직 하나님께만 구하고 의탁하였습니다. 주님의 힘으로 많은 일들을 뛰어넘으면서 여기까지 올 수 있었답니다. 머리 숙이며 주님의 능력을 신뢰한다는 바울의 고백을 저의 것으로 바꾸려고 합니다.

나는 비천에 처할줄도 알고
풍부에 처할줄도알아 모든일
곳배부름과 배고픔과 풍부와 궁핍에도
처할줄 아는 일체의 비결을 배웠노라
내게 능력 주시는자안에서
모든것을 할수 있느니라

빌립보서 4:12-13.

20

주신 기업에 감사하며

"제사장 엘르아살과 눈의 아들 여호수아와 이스라엘 자손의 지파의 족장들이 실로에 있는 회막 문 여호와 앞에서 제비 뽑아 나눈 기업이 이러하니라. 이에 땅 나누는 일을 마쳤더라(수19:51)."

아멘!!

하나님께서 아브라함을 부르시고 '본토 친척을 떠나 내가 지시하는 땅, 가나안 땅으로 가라' 명령하고 복을 약속하셨습니다. 이삭과 야곱에게도 그 약속을 이어 가셨죠. 그리고 훗날에 애굽에 노예로 살아가던 백성을 이끌어 내기 위해서 예비한 자, 모세를 부르셔서 백성을 해방시키고 홍해를 건너 광야에서 훈련시키셨습니다. 마침내 약속하신 젖과 꿀이 흐르는 땅을 주셨습니다.

광야의 연단 기간에 하나님께서 바위를 쳐서 물이 흘러나게 하시고 하늘에서 만나와 메추라기를 내리셨죠. 낮에는 구름 기둥, 밤에는 불 기둥으로 인도하셨습니다. 40년간 옷과 신발을 닳지 않게 하셨습니다. 언제

_____ 필리핀의 노숙자 선교사

나 돌보시는 주님을 찬양합니다.

가나안을 진입할 때는 모세를 대신하여 여호수아를 세워 백성을 이끌게 하셨습니다. 법궤를 통해 요단강을 가르고 가나안 땅을 밟게 하셨죠. 가나안 땅에 오면 모든 고난이 끝날 줄 알았는데 웬걸, 여리고 성을 함락시키고 남쪽과 북쪽으로 가나안 족속들을 정복해야 했습니다. 여호수아와 백성들은 하나님의 말씀을 믿고 순종함으로 가나안 땅 대부분을 차지하였답니다.

그리고 하나님은 제사 직분을 기업으로 준 레위 지파를 제외한 나머지 지파에게 땅을 분배하셨습니다. 본문 51절에 '회막 문, 여호와 앞에서 제비 뽑아 나눈 기업이 이러하니라. 이에 땅 나누는 일을 마쳤더라.' 하셨죠.

분배 받은 지파들은 자기가 받은 땅에 대하여 감사하였습니다. 어떤 땅을 받았든지 옥토든 황무지이든, 산지든 해변이든, 크든 작든 다 그들에게 합당하고 고귀하고 복된 땅이라 믿고 기쁨으로 받았답니다. 그리고 부족하다고 여겨지면 개척하여 지경을 넓혀 갔죠. 중부에 있는 단지파의 일부가 북쪽으로 가서 영토를 확장했답니다.

기업 분배의 말씀은 오늘을 살아가는 우리에게도 교훈이 됩니다. 우리는 모두 현재 있는 것, 곧 하나님께 주신 것이 가장 적합하고 좋은 것이라고 믿어야 합니다. 남편, 아내, 부모, 자식, 직업, 재물, 은사, 재능 등 모든 것이 말이죠. 이것이 바로 기업에 대한 바른 태도입니다. 하나님께서 적절하게 조처하셨기 때문입니다.

남과 비교하여 부러워하거나 원망 불평해서는 안됩니다. 자신의 고유한 것이나 소유에 자족하고 감사해야 합니다. 지난날 어떻게 살았다 하더라도 개의치 않고 이제부터 주어진 것이 가장 귀하고 알맞은 것이라 인정해야 합니다. 그렇게 믿고 감사함으로 섬기시길 바랍니다. 혹시 부족하거나 필요한 것이 있다면 간구하고 확장시킬 것입니다.

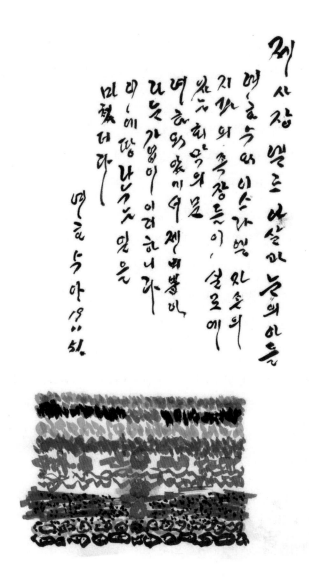

_____ 필리핀의 노숙자 선교사

21

새 하늘과 새 땅을 보니

"또 내가 새 하늘과 새 땅을 보니 처음 하늘과 처음 땅이 없어
졌고 바다도 다시 있지 않더라(계21:1)."

아멘!

저는 솔직히 요한계시록에 대해는 잘 알지 못합니다. 깊이 알려고 하지
않으렵니다. 왜냐하면 하나님의 비밀이 너무도 오묘하므로 자칫 말씀에
서 벗어날까 해서입니다. 다만 말씀을 그대로 믿고 묵상하려고 합니다.
계시록은 참으로 놀라운 하나님의 비밀입니다. 그래서 계21:2부터 말씀
을 그대로 나누기를 원합니다.

"또 내가 보매 거룩한 성, 새 예루살렘이 하나님께로부터 하늘
에서 내려오니 그 준비한 것이 신부가 남편을 위하여 단장한 것
같더라. 내가 들으니 보좌에서 큰 음성이 나서 이르되 보라 하
나님의 장막이 사람들과 함께 있으매 하나님이 그들과 함께 계

시리니 그들은 하나님의 백성이 되고 하나님은 친히 그들과 함께 계셔서 모든 눈물을 그 눈에서 닦아 주시니 다시는 사망이 없고 애통하는 것이나 곡하는 것이나 아픈 것이 다시 있지 아니하리니 처음 것들이 다 지나갔음이라.

보좌에 앉으신 이가 이르시되 보라 내가 만물을 새롭게 하노라 하시고 또 이르시되 이 말은 신실하고 참되니 기록하라 하시고 또 내게 말씀하시되 이루었도다. 나는 알파와 오메가요 처음과 마지막이라 내가 생명수 샘물을 목마른 자에게 값없이 주리니 이기는 자는 이것들을 상속으로 받으리라 나는 그의 하나님이 되고 그는 내 아들이 되리라."

아멘!

계22:12에 '보라 내가 속히 오리니 내가 줄 상이 내게 있어 각 사람에게 그가 행한 대로 갚아 주리라'고 약속하시면서 또다시 확인하시기를 13절에 '나는 알파와 오메가요 처음과 마지막이요 시작과 마침이라'고 말씀하셨습니다.

저는 이 영원한 나라와 영생을 하나님의 말씀으로 믿고 애써 봉사하며 살아왔습니다. 이제 81세가 되었는데 하나님의 부르시는 그날, 그 시간까지 천국의 소망으로 살고 싶습니다. 오라 부르실 때 제 영혼이 미련 없이 '아멘!' 하고 떠날 것입니다.

계22:20에 '이것들을 증언하신 이가 이르시되 내가 진실로 속히 오리라 하시거늘 아멘! 주 예수여, 오시옵소서!'라고 요한이 환영했습니다. 저도 그처럼 예수님이 오셔서 힘들고 험악한 세상사를 종결하시고 영원무궁 세계를 이루시기를 소망합니다.

"아멘! 주 예수여, 오시옵소서!"

또 내가 새 하늘과 새 땅을 보니
처음 하늘과 처음 땅이 없어졌고
바다도 다시 있지 않더라.
오 한께 시 록리....

맺음말

마감하면서 인사를 드립니다. 인생은 짧다고, 엊그제 같다고 말합니다. 하나, 지난 세월을 뒤돌아보니 참으로 길다고 느껴집니다.

81년 전에 저는 전라북도 김제군 금구면 낙성리 용안부락, 열 가구 되는 작은 마을에서 태어났습니다. 초등학교를 십 리가 되는 길을 걸어 다니며 졸업하고 이십 리 되는 길인 김제중학교를 다녔습니다. 군산시로 가서 동중학교와 군산상고를 졸업하였습니다.

서울에 올라와 1년 후 중앙대학교 법학과를 입학하여 고학으로 5년 만에 졸업했습니다. 사회인이 되어 이런저런 인생길을 다니다가 오늘 여기까지 왔습니다. 뒤돌아보니 어렴풋하지만 오랜 세월을 살아온 것 같습니다.

이릴 때 시골에 있었던 일과 중고교 시절의 힘들고 외로운 삶이 여전히 기억납니다. 고교 시절에 갈등이 많아 외롭게 살아갈 때 거리를 거닐다 어디선가 우렁차게 들려오는 종소리를 들었지요. 저도 모르게 소리를 따라 100여 돌계단을 올라가 본 일로 교회(군산 개복동교회)를 다니게 되었답니다.

훗날에서야 깨달았는데 그때 하나님께서 저를 부르시고 인도하셨습니다. 의롭다고 하시고 죄를 사하고 아들로 삼아 주셨습니다. 저는 사는 동안 그날 그 종소리와 그 시간을 잊지 못합니다. 마음속 깊이 그 기억을 간직하고 있습니다.

대학을 졸업하고 결혼하여 사 남매를 얻었습니다. 하나님을 믿고 구원받았다 하면서도 이런저런 인생길에서 교만하고 마음대로 살며 자아도취에 빠져 있었습니다. 어찌 그리 세상의 소욕이 강했던지…. 그로 인하여 하나님의 징계로 고난의 길을 걸어야 했습니다. 한때는 목숨을 버릴까 하는 생각도 들었습니다. 그때마다 하나님께서 찾아와 함께 하셨는데 저는 미처 알지 못했습니다.

45세에 제가 낙심하고 있을 때 하나님께서 강권적으로 역사하셨습니다. 기도원에 가게 되었고 얼떨떨한 가운데 회개하고 성령 세례를 받았습니다. 하나님께서 지난날의 패역했던 저를 버리시지 아니하시고 다시 일으켜 세워 주셨습니다.

사역하기에 늦은 그 나이지만 하나님 앞에 무릎을 꿇고 여생을 헌신하기 위해 신학교를 갔습니다. 하나님께서는 저를 회복시키고 온전케 하시려고 말할 수 없는 훈련으로 연단시키셨습니다. 마침내 감히 될 수 없는 목자로 세움을 받았습니다. 그리고 필리핀으로 보내어 생각조차 못 했던 노숙자 섬김의 사명을 주셨습니다. 아무 준비도 없고 아무것도 없는 저에게 말입니다.

그 사명을 받은 계기는 이미 말씀드린 바 있지만 맥도날드 창문의 사건입니다. 천둥 같은 소리, 유리창이 깨지는 소리를 듣고 밖을 보니 대여섯 살 되는 험상궂은 어린아이가 유리문을 노크하며 서 있었습니다. 나가서 먹지 않은 햄버거를 주었습니다. 그의 주림과 저의 어린 시절의 궁핍함이 공명을 이룬 것이 아닌가 합니다. 깊은 동정을 느끼고 이들을 돌보고 섬겨야겠다는 울림이 있었던 것 같습니다.

  그래서 빈곤한 거리의 사람을 구령하고 돕는 조이플 선교단을 세우고 오늘까지 30여 년간 봉사했습니다. 그 일을 바라보니 저의 인생이 길고 아득하게 느껴집니다. 창47:7-10 말씀이 생각납니다.

  "요셉이 자기 아버지 야곱을 인도하여 바로 앞에 서게 하니 야곱이 바로에게 축복하매 바로가 야곱에게 묻되 네 나이가 얼마냐 야곱이 바로에게 이르되 내 나그네 길의 세월이 백삼십 년이니이다. 내 나이가 얼마 못되니 우리 조상의 나그네 길의 연조에 미치지 못하나 험악한 세월을 보내었나이다 하고 야곱이 바로에게 축복하고 그 앞에서 나오니라."

  저는 야곱에 비하면 발바닥의 때만도 못하지만 그 고백이 너무 감동과 은혜가 되어 저의 것으로 바꾸어 보았습니다. "나의 나그네 길의 세월이 팔십일 년입니다. 믿음의 선배들의 길에 미치지 못하나 험한 세월을 보내었습니다."

  조이플을 섬기며 가는 길에서 하나님께서 끊임없이 저를 훈련시키셨습니다. 그러나 이 일이 곧 제가 가야 하는 길이요 은혜임을 알기에 오늘도 꿋꿋이 살아가고 있습니다. 서두에 말했듯이 저는 살아온 세월이 참으로 길었습니다만 하나님께서 오늘 여기까지 인도하시고 도우셨습니다. '에벤에셀'을 고백하며 앞으로도 주님의 보호와 인도로 나가기를 바랍니다.

  늘 선을 택하고 항상 기뻐하고, 쉬지 말고 기도하며 범사에 감사하며 살 것입니다. 장차 갈 하늘나라를 소망합니다. ♫고요한 바다로 저 천국 향할 때, 주 내게 순풍 주시니 참 감사합니다. ♫ 샬롬!

필리핀의
노숙자 선교사

ⓒ 송동엽, 2023

초판 1쇄 발행 2023년 9월 20일

지은이   송동엽
펴낸이   이기봉
편집   좋은땅 편집팀
펴낸곳   도서출판 좋은땅
주소   서울특별시 마포구 양화로12길 26 지월드빌딩 (서교동 395-7)
전화   02)374-8616~7
팩스   02)374-8614
이메일   gworldbook@naver.com
홈페이지 www.g-world.co.kr

ISBN   979-11-388-2293-0 (03230)